职业教育市场营销专业精品教材系列

商品学知识

（第3版）

主　编　曾锦燕
副主编　谭莎莎

電子工業出版社
Publishing House of Electronics Industry
北京 • BEIJING

内 容 简 介

本书围绕商品质量管理这一中心，根据市场营销专业学生毕业后在商业企业中进行商品采购、商品运输、商品储存与养护到商品销售，以及商品发展等工作过程有可能涉及的商品学知识，设置了商品概述、商品质量及质量管理、商品标准与标准化、商品检验、商品分类、商品包装、商品养护、食品商品管理、日用工业品、纺织品商品十章内容，涵盖了与商品有关的职业应具备的基本理论、基本技能和职业要求。

为了实现各项技能的提升，本书通过案例讨论、小知识、课后练习等形式进行实际演练，以便学生掌握该课程的核心内容与技能。

本书适合作为职业院校市场营销类、电子商务类等相关专业的教材。

章后练习答案及相关教辅课件资料可登录华信教育资源网 www.hxedu.com.cn 免费下载。

图书在版编目（CIP）数据

商品学知识 / 曾锦燕主编. —3 版. —北京：电子工业出版社，2018.1
ISBN 978-7-121-33336-1

Ⅰ. ①商… Ⅱ. ①曾… Ⅲ. ①商品学－中等专业学校－教材 Ⅳ. ①F76

中国版本图书馆 CIP 数据核字（2017）第 316124 号

策划编辑：陈 虹
责任编辑：陈 虹 文字编辑：张燕虹
印 刷：北京虎彩文化传播有限公司
装 订：北京虎彩文化传播有限公司
出版发行：电子工业出版社
北京市海淀区万寿路 173 信箱 邮编 100036
开 本：787×1 092 1/16 印张：11.5 字数：295 千字
版 次：2012 年 12 月第 1 版
2018 年 1 月第 3 版
印 次：2023 年 2 月第 9 次印刷
定 价：35.00 元

凡所购买电子工业出版社图书有缺损问题，请向购买书店调换。若书店售缺，请与本社发行部联系，联系及邮购电话：（010）88254888，88258888。

质量投诉请发邮件至 zlts@phei.com.cn，盗版侵权举报请发邮件至 dbqq@phei.com.cn。

本书咨询联系方式：chitty@phei.com.cn。

前　言

商品学知识课程主要是培养学生具有涉及商品学知识相关岗位所要求的专业能力、方法能力和社会能力，培养学生处理商品质量管理、商品检验、商品包装、商品养护等能力，以及在市场营销、物流管理、电子商务、国际贸易等工作过程中分析问题、解决问题的能力。本书遵循中职教育理论，根据职业院校学生的基础，以岗位需要为目标选取课程内容，在内容编写上进行了创新，理论简明扼要、多采用图表，有利于学生更好的掌握。

本书的目标为培养应用型人才，同时，注重职业关键能力和职业专门能力的培养，注重提高学生兴趣，有助于提高教学效果，是实用性非常强的教材。

本书由广东省财经职业技术学校曾锦燕和谭莎莎编写。具体编写分工如下：曾锦燕编写第一、二、五、六、十章；谭莎莎编写第三、四、七、八、九章。

在本书的编写过程中，编者学习、借鉴、参考了许多论文、专著、网站的资料，不能一一列出，在此对相关著作者表示由衷的敬意！感谢他们的观点和材料对本书的帮助。

本书涉及知识广泛，编者水平有限，编写时间仓促，书中错漏之处在所难免，望读者和专家批评指正。

编　者

目　　录

第一章　商 品 概 述

任务目标

- 了解商品的含义
- 概括商品的本质特征

第一节　什么是商品

情景导入

请观察图 1-1 所示物品，它们之间有什么区别？哪些是需要购买的？购买行为的发生需要哪些条件？

a—海边的石头

b—自家阳台种的菜

c—上学背的书包

图 1-1　物品示例

知识链接

一、商品的概念

商品是人类社会生产力发展到一定历史阶段的产物，是为了交换而生产的能满足人们某种需要的劳动产品。

商品有狭义和广义之分。狭义的商品，即传统的商品，是指通过市场交换，能够满足人们某种社会需要（物质需要或精神需要）的物质形态的劳动产品。广义的商品，是指通过市场交换，能够满足人们某种社会需要的所有形态（如知识、劳务、资金、物质等形态）的劳动产品。

（一）商品的产生

商品的产生必须具备两个条件：一是社会分工；二是生产资料和劳动产品属于不同的所有者。

在社会分工之前，人类社会劳动分工简单、效率低下，劳动产品的生产只是用来满足生产者自己的需要。然而，随着人类劳动技能和劳动工具的发展，产品在满足自身需要的基础上出现了剩余，于是，人们把自己剩余的劳动产品与其他人剩余的劳动产品进行交换，从而产生了商品。

（二）商品的特征

与一般劳动产品相比，商品具有以下 4 个特征。

1. 商品必须是劳动产品

未经劳动加工的天然物品不能称为商品，比如空气、阳光、河流里的水，它们不是劳动产品，因此不能称为商品。

动动脑

天然的泉水（见图 1-2a），如果被人们取为己用，能不能称为商品？而天然的泉水经过人们劳动后变为用于交换的罐装矿泉水（见图 1-2b）能不能称为商品？

a—天然泉水

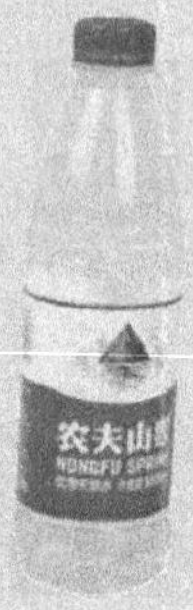

b—罐装矿泉水

图 1-2　泉水

2. 商品一定能够满足人们的某种需要

商品一定能够满足人们的某种需要是指商品要具有使用价值，不能满足人们消费需要的，甚至危害人体健康或财产安全的产品不能称为商品。比如废品、劣质电器、假冒药品等，它们虽然是劳动产品，但是不能满足人们的某种消费需要，仍然不能称为商品。

3. 商品是供别人使用的

自产自用的只能称为劳动产品，不是商品，比如农民留下自用的那部分农副产品，就不能称为商品。

动动脑

有一位农民伯伯养了 10 只鸡，5 只留给自家吃，5 只卖出去，这些鸡是商品吗？

4. 商品必须通过交换

商品对于生产者来说，没有直接的使用价值，只有通过交换到达别人手中才能实现其使用价值。因此，库存积压卖不出去的产品也不能称为商品。

动动脑

你的朋友彭飞过生日，你买了一个蛋糕送给他，这个蛋糕是商品吗？

二、商品的构成

商品的构成可以用商品球模型来表示，如图 1-3 所示。

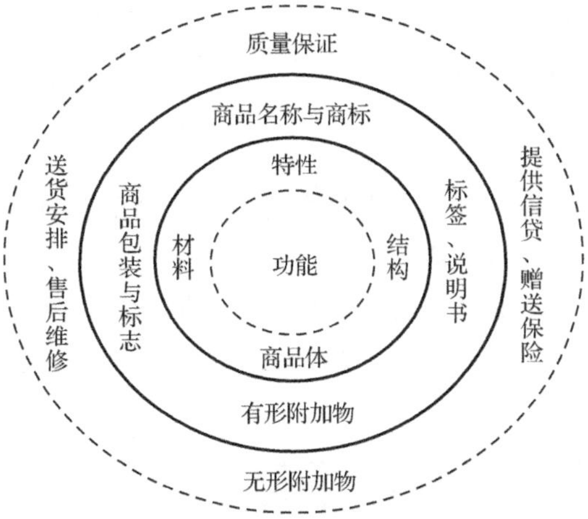

图 1-3 现代商品概念模型——商品球示意

（一）商品功能

商品功能是指商品为满足消费者一定需要所能提供的可靠的、必需的职能或效用，如手机的功能之一是打电话。商品是通过它在使用的过程中所能提供的功能来满足消费者需要的，因此，从本质上来说，消费者购买的不是商品本身，而是它的功能，即商品提供给消费者的基本效用或利益。

（二）商品体

商品体是人们通过有目的的、有效的劳动投入（如市场调查、规划设计和加工生产等）而创造出来的产物，是商品功能的载体。商品体的成分组成是原料或零部件的化学成分及含量等，商品体的形态结构是原料或零部件的组织结构、成品形态、规格、内部联结与配合、色彩装饰的组合以及其他结构特征。商品体的成分组成和形态结构决定了商品体能够具备哪些性能，即商品在不同的使用条件下能够表现出哪些功能。

（三）有形附加物

商品的有形附加物包括商品的名称、商品包装、包装标志、包装装潢、商标及注册标志、专利标志、质量和安全及卫生标志、环境（绿色或生态）标志、商品使用说明标签或标识、检验合格证、使用说明书、维修卡（保修单）、购货发票等。它们主要是为了满足商品流通（运输、装卸、储存、销售等）需要、消费（使用）需要以及环保需要而附加的。其中，包装、商标等本身也是一种商品，它们既有使用价值，也有价值。商标还会随着商品生产的技术进步和经营管理水平的提高而增加新的价值。

图1-4　商品体

图1-5　商品的有形附加物

（四）无形附加物

商品的无形附加物是指人们在购买有形商品时所获得的各种附加服务和附加利益。如提供信贷、送货上门、免费安装调试服务、售后维修服务、质量保证措施、一定时期内的折扣优惠、财产保险等。善于开发和利用合法的商品无形附加物，不但有利于充分满足消费者的综合需要，为他们提供更多的实际利益，而且有利于企业在激烈的市场竞争中突出自己商品的附加服务和利益优势，立于不败之地。

练一练

夏天到了，林玲家里新买了一台空调，商场承诺保修一年，免费送货上门且包安装，请你分析林玲家所买这台空调的商品功能、商品体、有形附加物、无形附加物分别是什么？

商品功能：____________________

商品体：____________________

有形附加物：____________________

无形附加物：____________________

第二节　商品的基本属性

情景导入

你购买了一支笔，你得到了这支笔的什么？

知识链接

一、商品的使用价值

商品的使用价值是指商品满足人和社会需要的效用，即有用性。商品可以直接满足人们物质和精神的需要，让消费者从商品上获得使用价值。

二、价值

商品的价值是指凝结在商品中一定数量的无差别的一般人类劳动。生产者通过销售商品把使用价值让渡给消费者，从而实现商品的价值。

三、使用价值和价值的关系

商品的使用价值和价值二者相互依存、互为条件：①没有使用价值的物品，即使花费大量的劳动也不会形成价值，不能成为商品。②未经人类劳动的物品虽然有使用价值，但是没有价值，不能成为商品。③有价值的劳动产品，如果没有交换，也不能成为商品。

商品的使用价值和价值二者相互对立、互相排斥：①商品的使用价值和价值对于生产者和消费者来说只能实现其中的一种，不能同时二者兼得。②商品的使用价值和价值的矛盾只有通过交换才能解决。③商品的使用价值是自然属性，价值是社会属性。

小知识

生产者通过交换获得的是商品的价值，消费者通过交换获得的是商品的使用价值，一旦交换失败，使用价值就不能进入消费，使用价值和价值的矛盾就暴露出来了。

知识拓展

不可思议的天价安装费

王先生家里的旧款燃气热水器总是出问题，不仅水量越来越小，而且水温也忽冷忽热。王先生打电话给厂家后，得知维修费用高达 700 多元。想想也用了快 10 年了，王先生决定换一台新的。

当他花了 900 多元购买了一台新的燃气热水器之后，上门安装的工作人员告诉他，除了原厂配备的管道之外，还需要额外支付管道改造形成的材料费共计 800 多元。在卖场里购买电器的时候，应向导购员问清楚额外材料和配件的价格，如平板电视的托架和壁挂架、洗衣机的排水管和进水管、抽烟机的排烟管、空调的导热管，以及各种各样的电源线、数据线、高清电视的 HDMI 线。

一般来说，家电产品都会配送一定电源线、管道等耗材。但大多数情况下，这些配件几乎都不可能满足实际需要。虽然厂家都声称免费安装，但使用的材料大多都是需要额外付费的。为了避免因安装后高昂的账单而引起纠纷，建议大家在购买电器时将各个品牌的安装配件算入成本中，作为选购的衡量标准之一，并在购买时，要求销售员将配件价格写在发票上，作为日后凭证。如果你不是内行，建议不要自己到五金市场选择配件，否则如果出现事故，将会造成比较麻烦的责任认定。

你认为收取天价安装费是否有利于提高家电产品的市场竞争力？

练习与自测

一、判断题

1．商品是指用来交换的劳动产品。（　　）
2．商品能够满足人和社会的某种需要。（　　）
3．消费者购买了商品后就拥有了它的使用价值和价值。（　　）
4．市场上销售的食品都是商品。（　　）
5．消费者购买商品本质上购买的是商品的功能。（　　）

二、单项选择题

1．商品是具有（　　）的劳动产品。
A．价值　B．高效能　C．使用价值　D．满足需要
2．商品能够满足人们的某种需要是指商品的（　　）。
A．使用价值　B．质量　C．价值　D．功能
3．商品的名称、商品包装、包装标志、包装装潢、商标及注册标记等是商品的（　　）。
A．商品功能　B．商品体　C．有形附加物　D．无形附加物
4．商品通过（　　），使其价值和使用价值得以实现。
A．消费　B．流通　C．生产　D．交换
5．商品生产、流通、消费的最终目的是满足人和社会不断增长的（　　）。
A．消费心理　B．物质和精神需要
C．消费需求　D．消费水平

三、多项选择题

1．商品的基本属性是（　　）。
A．价值　B．劳动产品　C．使用价值　D．用于交换
2．商品是由（　　）构成的。
A．商品功能　B．商品体　C．有形附加物　D．无形附加物
3．使用价值和价值是（　　）的关系。
A．相互依存　B．互为条件　C．相互对立　D．互相排斥
4．消费者真正要购买的是商品提供给消费者的（　　）。
A．性能　B．质量　C．基本效用　D．利益

四、案例分析题

美国、德国的一些服装商店推出了一种“形象设计服务”，店里专门聘请形象设计专家为每一位消费者设计形象。专家根据消费者的身材、气质、经济条件等情况，出主意，做参谋，指导消费者买什么样的衣服，配什么样的领带或饰物，发型做成什么样才能与服装、身材相称，足蹬什么颜色和款式的鞋子才能相得益彰等，从而使服装及各种配套物品最能体现消费者的长处，达到风度可人的理想境界。这项服务推出后立即受到消费者的广泛欢迎，一时间，消费者如云，而且服装、饰物都是整套整套地销售，商店收入顿时大增。

讨论分析：服装店为消费者设计形象为什么会使商店消费者如云、收入大增？

第二章　商品质量及质量管理

任务目标

- 了解保证和提高商品质量的意义
- 理解商品质量的概念
- 掌握商品质量的基本要求和影响商品质量的主要因素

第一节　商品质量概述

情景导入

“三鹿奶粉事件”直指产品的质量安全，拷问企业家的良心；同时也说明了我国消费者在认识商品质量方面的无知。如何认识商品质量是我们每个消费者的必修课题。你每天购买的商品的质量好吗？

知识链接

一、商品质量的含义

商品质量是指商品满足规定或潜在要求（或需要）的特征、特性的总和。在这里的几个重要词语中，“规定”是指国家、国际有关法规、质量标准或买卖双方的合同要求等方面的界定；“潜在要求（或需要）”是指人和社会对商品某方面性能的期望；“特征”是指不同类别商品所特有的性质，即本质特性，如保温杯应有保温性能。

商品质量是一个综合性概念，它涉及商品本身及商品流通过程中诸多因素的影响。从现代市场观念来看，商品质量是内在质量、外观质量、社会质量和经济质量等方面的综合体现，如图 2-1 所示。

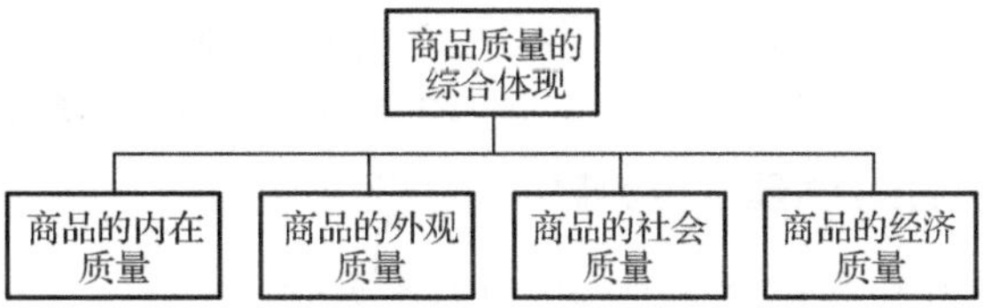

图 2-1　商品质量综合体现的四个方面

1. 商品的内在质量

商品的内在质量指商品在生产过程中形成的商品体本身固有的特性，如商品实用性、可靠性、寿命和安全性、卫生性等。它构成商品的实际物质效用，是最基本的质量要素。

2. 商品的外观质量

商品的外观质量主要指商品的外表形态，如商品的艺术造型、形态结构、花色图案、款式规格以及气味、滋味、光泽、声响、包装等。它已成为人们选择商品的重要依据。

3. 商品的社会质量

商品的社会质量是指商品满足全社会利益需要的程度，如是否对环境造成污染、是否违反社会道德、是否浪费有限的资源和能源等。一种商品不管其工艺如何先进，只要有碍于社会利益，就难以生存和发展。

4. 商品的经济质量

商品的经济质量是指人们按其真实的需要，希望以尽可能低的价格，获得尽可能优良性能的商品，并在消费或使用中付出尽可能低的使用及维护成本，即物美价廉的统一程度。

可见，商品的内在质量是由商品本身的自然属性决定的；商品的外观质量、社会质量、经济质量则是由商品的社会效用决定的，它涉及诸多社会因素的影响。

二、保证和提高商品质量的意义

1. 保证和提高商品质量有利于促进国民经济的发展

对于人们生活中吃、穿、用的商品，如果生产和经营不对路，质量不高，就会造成商品流通不畅，难以销售出去。这对于企业来说，占压了资金，影响了扩大再生产和扩大经营。企业把质量视为生命，保证和提高商品质量，有利于发展生产、扩大经营、促进流通，有利于国民经济的发展。

2. 保证和提高商品质量是创造社会财富、满足消费的重要标志

质量高，表现为商品性能好，使用效率高，寿命周期长，一个顶几个用，既减少了消耗，又降低了成本，而且还减少了消费者在该商品上的支付，并为消费者在生产和生活中提供了较好的物质条件。因此，保证和提高商品质量有利于国家、企业、消费者，对促进整个社会物质文明和精神文明的发展有极其重要的作用和意义。

3. 保证和提高商品质量是促进企业质量管理制度完善的中心环节

企业经营管理水平的提高和经营管理制度的完善，在很大程度上是通过组织本企业或本系统的优质产品的生产过程、销售过程和售后服务等一系列工作过程而逐步建立起来的。企业内部推进商品质量工作的不断完善，会不断推动质量保证和质量控制的完善，从而不断促进企业规章制度的完善和经营管理水平的提高。

4. 保证和提高商品质量是提高市场竞争力的重要措施

市场的竞争，首先是质量的竞争。质量低劣就无法进入市场。质量是进入市场的“通行证”。因此，只有保证和提高商品质量，才能在国际和国内市场竞争中取得主动权，才能赢得企业和国家的信誉，为企业创造良好的效益，提高产品市场占有率，提高企业的知名度，树立企业良好的形象。

第二节　商品质量的基本要求

情景导入

产品质量纠纷案例

原告某计算机设备股份有限公司与被告某投资有限公司签订了《独家经销协议》。该《协议》约定，被告同意原告以独家经销的方式，销售被告提供的产品；被告对产品质量做出承诺。被告依据上述协议向原告提供了相应的产品，但检验机构做出的《检验报告》确认该产品不符合中国的标准，为安全不合格产品。据此，原告诉至法院，要求法院判令被告赔偿所有经济损失。

知识链接

以上纠纷说明消费者对商品质量是有要求的，并对商品质量的要求多种多样，因为不同的使用用途会产生不同的使用要求，即使对于同一用途的商品，不同的消费者也会提出不同的要求。一般而言，如果把各类质量要求归纳起来，可以概括为 7 个基本方面，如图 2-2 所示。

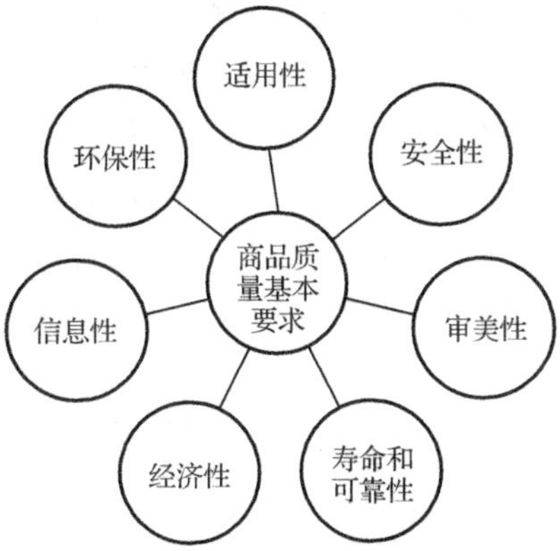

图 2-2　商品质量的基本要求

一、适用性

适用性是指某种商品满足其主要用途所必须具备的性能，它是构成商品使用价值的基础。如羽绒服必须具备保暖性能，钟表必须具备准确计时的功能，若钟表不具备计时功能则不能称其为钟表了。

二、安全性

商品的安全性是指商品在储存和使用过程中对人体健康无损害，对环境无污染的能力。如盛放食品的餐具、牙膏等应无毒无害，家具、装修用品的有毒物质含量在规定标准之内。

小知识

5种食物不宜多吃

松花蛋：制作松花蛋需要用一定量的铅，因此多食可引起铅中毒，还会造成缺钙。

臭豆腐：臭豆腐在发酵过程中极易被微生物污染，同时含有大量挥发性盐基氮及硫化氢等，这些都是蛋白质分解的腐败物质，多食对人体有害。

方便面：其中含有对人体不利的食品色素与防腐剂等，常吃对身体不利。

烤牛羊肉：牛羊肉在熏烤过程中会产生如苯并芘这样的有害物质，这是诱发癌症的物质。

油条：油条中的明矾是含铝的无机物，天天吃油条，铝就很难由肾脏排出，从而对大脑及神经细胞产生毒害，甚至引发老年性痴呆症。

练一练

三株口服液的衰退

三株口服液是济南三株药业有限公司的起家产品。当初一万元买来的转让配方，创造了上百亿的销售收入（就连广告铺天盖地的脑白金也不过五六亿）。在三株口服液进入市场时，与三株相类似的保健药品比较知名的就有十多个品牌，但没有一个产品像三株口服液一样在短短几年内创造出了不可思议的销售奇迹。

1994年三株口服液实现规模生产，1995年销售收入33.5亿元。1996年销售收入80.6亿元。三株创造了企业增长2000%、年销售额80亿元的奇迹，但谁也没有想到三株的终结者竟是湖南乡下一位名叫陈伯顺的老汉。据称他喝了几瓶三株口服液后，全身溃烂而亡。1998年常德中级人民法院判三株口服液为不合格产品。这条爆炸性新闻使一家年销售额曾经高达80亿元，累计上缴利税18亿元，拥有15万员工的庞然“帝国”砰然倒塌，并从此淡出历史舞台。

分组讨论，然后每组派出代表讲述三株口服液衰退的最根本原因是什么？

____

____

____

三、审美性

商品的审美性是指商品能够满足人们审美需要的属性，如商品的色泽、结构、味道等。现代社会人们对商品质量的追求已转向物质方面的使用价值与精神方面的高度统一。商品的审美性已成为提高商品市场竞争力的重要手段之一。

四、寿命和可靠性

1. 寿命

商品的寿命一般是指商品的使用寿命，有时也包括储存寿命。

使用寿命是指工业品在规定的使用条件下，保持正常使用性能的工作总时间。如电池的连续放电时间，电视机显示管的有效工作时间等。

储存寿命是指商品在规定条件下使用性能不失效的储存总时间。如食品的保质期、药品的有效期等。

小知识

牙刷的正确使用寿命是多久

一把牙刷用多久就该更换，很多人习惯地说 3 个月，但仍然有很多人在牙刷使用 3 个月后说:“这把牙刷还挺好的，扔掉挺浪费的，再用一段时间吧!”事实上，被使用了 3 个月的牙刷已经布满了很多肉眼看不到的细菌。口腔专家认为，每把牙刷的工作总时长不宜超过 6 小时。按每天刷牙两次，每次两分钟计算，牙刷的使用寿命约为 3 个月。如果你记不清牙刷已经用了多久，只要牙刷的刷毛发生了卷曲、倒伏，就应该换新牙刷了。

2. 可靠性

商品的可靠性是指商品在规定条件下和规定时间内完成规定功能的能力。它是与商品在使用过程中的稳定性和无故障性联系在一起的一种质量特性，是评价机电类商品质量的重要指标之一。通常包括耐久性、易维修性和设计可靠性。

（1）耐久性

耐久性是指商品在使用时抵抗各种因素对其破坏的性能，它是评价高档耐用商品的重要质量特性之一。

（2）易维修性

易维修性是指商品在发生故障后能被迅速修好、恢复其功能的能力。商品的易维修性也称为保安性。

（3）设计可靠性

商品的易维修性与商品的设计密切相关，设计中零部件要标准化、通用化、系列化，以便于拆卸更换和互换。为了避免因使用者在操作上的过失和在规定的环境条件以外使用等用法错误而导致商品出现故障的可能性，一方面，要求提高商品的易操作度、易使用度，使人为过失的可能性尽量减少；另一方面，即使因人为过失或环境改变引起了故障，也要把可能遭受的损害控制在最低限度。在设计上，这两方面的考虑就是设计的可靠性。

五、经济性

商品的经济性是指商品的生产者、经营者和消费者以尽可能低的费用获得较高的商品质量，从而使企业获得最大的经济效益，也让消费者感到物美价廉。

六、信息性

商品的信息性是指消费者有权获得商品的有用信息，主要包括：商品的名称、用途、规格、型号、质量、容量、原材料或成分；生产厂名、厂址、生产日期、保质期（有效期）；商标、质量检验标志、生产许可证、卫生许可证；运输、储存条件；安装、使用、维护方法和注意事项；安全警告、售后服务内容、生产责任等。

除了部分常见散装商品外，消费者在考虑商品质量时，还要从商品的广告、包装、标识牌、附带资料、图纸、说明书中获得必要和可靠的信息，有利于消费者了解商品、比较选购、正确使用、合理维护和安全储存商品，并能使消费者在因商品质量问题而侵害自身权益时能够进行自我保护。

七、环保性

随着世界环境问题的恶化，商品的环保性被提到一个更高的高度。商品的环保性是指商品在生产、流通、消费、废弃整个生命周期内对环境的污染或对生态的破坏要尽可能少。如减少生产、流通中的“三废”，降低消费过程中对消费者身体健康和环境的危害，废弃的商品可循环使用、可拆卸、可降解等。

第三节　影响商品质量的因素

情景导入

据了解，云南烟叶质量是其他地方烟叶质量所不可比拟的，相同品种的烟叶为何质量有如此天壤之别？商品的质量受什么因素影响呢？

知识链接

为了能够对商品质量实施控制并得到预想的商品质量效果，就要分析和掌握影响商品质量的因素。

影响商品质量的因素主要可概括为四个方面，如图 2-3 所示。

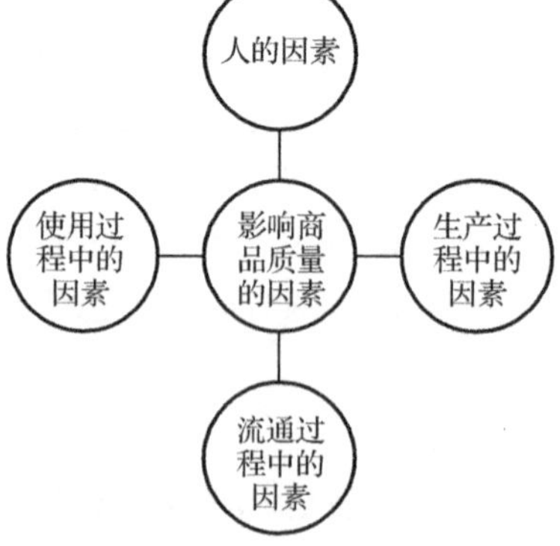

图 2-3　影响商品质量的因素

一、人的因素

在影响商品质量的众多因素中，人的因素是最基本、最重要的因素，其他因素都要通过人的因素起作用。

人的因素包括人的质量意识、责任感、事业心、文化修养、企业员工的技术水平和质量管理水平等。其中，人的质量意识、企业员工的技术水平和质量管理水平对商品质量的影响尤为重要。

（一）质量意识是决定商品质量的关键因素

只有当企业的领导和员工具有强烈“质量第一”的思想意识时，才会有高度的责任感与事业心，才能充分发挥个人和集体的智力及能力，发挥其他质量因素的作用，千方百计地排除工作上的各种障碍，持之以恒地不断改进和提高商品质量。

（二）企业员工的技术水平和质量管理水平是保证和提高商品质量的必要前提

如果企业员工的技术水平和质量管理水平达不到要求，那么即使有了新材料、新设备、新技术，也仍然生产不出优质的商品。

二、生产过程中影响商品质量的因素

（一）市场调研

市场调研是商品开发设计的基础。在开发设计之前要通过市场调研获得如下三方面的信息：①研究顾客的需求。企业是以顾客为中心的，如何满足顾客的需求是企业的出发点。②研究影响顾客需求的因素，了解市场供求状况，预测市场发展趋势等。③收集、分析和比较同行业其他生产者的信息。企业通过以上信息总结以往成功和失败的经验，通过市场预测以确定生产适当品种、规格、质量等级的商品来满足市场需求。

（二）开发设计

在商品质量形成的过程中，开发设计对商品质量具有决定性意义。如果设计出现漏洞，就会使商品先天不足，商品质量得不到保证。例如，日本 SONY 公司在设计录像带时将其播放时间设计为 1 小时，虽然技术高超却因播放时间较短而无法满足消费者的需求，销量较小。

（三）原材料质量

原材料是形成商品的物质基础，原材料质量是决定商品质量的重要因素。如含硅量高的石英砂能制成透明度和色泽俱佳的玻璃制品，而含铁量高的石英砂只能制出透明度和色泽较差的玻璃制品；以春茶萌发的新叶为原料制出的绿茶和红茶有益的成分含量高，色、香、味好，而以老叶为原料制出的茶叶质量差。

通过对原材料成分、结构及性质的分析，可以明确商品的质量特征和对商品质量的基本要求，可以加强商品的质量管理，可以揭示商品在流通过程中的质量变化规律，以确定商品的包装、储存方法及使用注意事项，并为采用代用品、开辟原材料的来源、节约资源和合理使用原材料提供重要的依据。

小知识

餐具的正确选择

餐具是人们一日三餐不可缺少的辅助工具，但有些餐具使用不当就会致病。下列餐具在使用时一定要当心。竹木餐具：这种餐具本身不具有毒性，但易于被微生物污染，使用时应刷洗干净，涂上油漆的竹木餐具对人体有害。纸制餐具：不会传染疾病，但是扔掉的纸制餐具会污染环境。玻璃餐具：这种餐具清洁卫生，但有时会发霉。一般用肥皂等碱性物质洗刷后即可去掉霉点。铝制餐具：铝在人体内积累过多，会引起动脉硬化、老年骨质疏松、痴呆等病症，因此应注意不要用铝铲刮锅壁；另外，不宜用铝制器皿久存饭菜和长期盛放含盐食物。铁制餐具：毒性不大，但生锈的铁制餐具不宜使用，因为铁锈可引起呕吐、腹泻、食欲不振等现象；另外，还要注意油类不宜长期放在铁制器皿内，因为铁具易被氧化腐蚀。铜制餐具：此类餐具色泽金黄，外表华丽，但它生锈之后会产生铜绿，即碳酸铜和蓝矾，都是有毒物质，可使人恶心、呕吐，甚至导致严重的中毒事故。陶瓷餐具：陶瓷餐具外形美观，质地清脆，绝热性能好，不过陶瓷中的色釉含有铅，铅具有毒性，人体摄入过多就会损害健康。搪瓷餐具：这类餐具含有硅酸铅之类的铅化合物，如果加工处理不好就会对人体有害，所以在购买搪瓷餐具时，应选用工艺精湛的优质产品。

（四）生产工艺和设备

在原材料相同的情况下，不同的生产工艺可以形成不同的商品品种、造就不同的商品质量和产品数量。如同样的葡萄利用不同的制作技术，可以产出不同质量的葡萄干，框架筛网式晾干方法比自然阴干法制出的葡萄干所含维生素C等营养成分的含量高。

设备质量也是决定商品质量的一个因素。设备出故障常常是出现不合格品的原因之一。因此，企业要加强对生产设备的投入和管理，防止故障发生和降低故障发生率，以保证其能得到充分利用，是保证商品质量的必要条件。

（五）质量控制

质量控制包括原材料的质量控制、设备和工具的质量控制、工艺条件和工作的质量控制等。

在质量控制活动中，人起到了最积极主动的作用，丰厚的专业知识底蕴是掌握先进技术、操作先进设备、保证产品质量的基础，人的道德观念对保证商品质量也起到重要作用。有些企业工作人员在金钱面前不能把握原则，为了一己之私，投机取巧，降低商品质量，甚至制造假冒伪劣商品，破坏社会经济秩序，损害消费者的权益。如2005年苏丹红事件是由于个别人的贪念，造成数百人的死亡以及品牌名誉一落千丈。因此，只有加强质量控制，消除不正常因素对商品质量的影响，商品质量才能得到有效的保证。

（六）成品检验与包装

对于生产出来的成品根据商品标准和其他技术文件的规定进行检验，对于检验不合格的产品分别选择返修和废弃，可以保证产品的最终质量水平。

商品包装可以起到保护商品的作用，同时也是影响商品质量的重要因素。良好的包装不但起到便于商品流通和销售，还可以为商品增值，提高竞争力。

三、流通过程中影响商品质量的因素

（一）运输装卸

商品运输是商品流通的必要条件。没有运输，商品不会自己到达消费者手中。运输对商品质量的影响，与运程、运输时间、运输路线、运输方式、运输工具的条件等有关。商品在装卸过程中还会发生碰撞、跌落、破碎、散失等现象，不但会增加商品损耗，也会降低商品质量。

（二）仓库储存

商品储存是商品流通的一个重要环节。没有商品储存，就难以保证商品流通的正常运转。商品在储存期间的质量变化，与储存场所和方位、储存时间、储存措施与技术、商品存放数量等有关。

（三）销售服务

商品在销售过程中，必然离不开商品陈列、包装、搬运、装配、维修等工作。每个环节都涉及维护和损害商品质量的问题。例如，商品的暴露陈列、试用和挑选、陈列组合不当、拆零与分装捆扎不讲究、装配及维修水平低、陈列时间长、陈列环境及卫生条件差等，会使商品在外力、温湿度、光、热、微生物、环境污染等影响下发生质量变化。

四、使用过程中影响商品质量的因素

（一）使用范围和条件

商品都具有一定的使用范围和使用条件，使用中只有遵循其使用范围和条件，才能发挥商品的正常功能。如家用电器的电源要区分交、直流和所需的电压值，否则不但不能正常运转，还会损害商品；若使用条件要求安装地线保护则必须按要求实行，否则不仅不安全，甚至可能发生人员触电身亡的恶性事件。

（二）使用方法和维修保护

为了保证商品质量和延长使用寿命，在使用中，消费者应在了解该种商品结构、性能特点的基础上，掌握正确的使用方法，具备一定的日常维护保养商品的知识。例如，皮革服装穿着时要避免被锐利之物或重度摩擦，且不能接触油污、酸性或碱性物质；收藏保管时宜放于干燥处，悬挂起来，切勿用皮鞋油擦拭，以防止生霉、压瘪起皱及泛色。

（三）废弃物处理

商品使用完之后，其残体和包装作为废弃物被排放到自然环境中，有些可回收利用，有些则不能或不值得回收利用，也不易被自然条件和微生物破坏分解，成为垃圾充斥于自然界的各个角落；还有些废弃物会对自然环境造成污染，破坏生态平衡，如含磷洗涤剂、废弃的塑料制品等。

商品废弃物无法回收利用和对环境的污染是商品社会质量不佳的一种表现。对于商品废弃物首先应分门别类加以回收利用；其次，还要积极开展综合利用、变废为宝的处理工作；

最后应逐步限制和严格禁止可能产生公害的商品生产，努力寻找无害的替代商品，以保护人类的生存环境。

练一练

网上搜索大众汽车生产录像，了解大众汽车的生产过程及影响其质量的因素，并记录下来，比一比谁分析得全面？

____

____

____

第四节 商品质量管理

情景导入

奔驰公司的品质管理制度

德国的戴姆勒-奔驰公司是德国最大的汽车制造公司，素以生产优质高价的“梅塞德斯-奔驰”汽车著称于世。作为世界上历史最悠久的汽车公司，奔驰公司自1883年创建之日起，就始终处于执世界汽车业之牛耳的地位。一个多世纪以来，世界汽车业几经沧桑，许多汽车公司在激烈的市场竞争中几度沉浮，然而奔驰汽车公司却始终“吉星高照”，这在很大程度上归功于其产品的高品质。由于奔驰车有着无可比拟的质量优势，因而成为公认的高档车和名誉地位的象征。有人曾称，奔驰车急似猛虎下山，缓似行云流水，开奔驰车是难得的精神享受。奔驰车是如何获得如此高的品质和人们的信赖呢？这主要归功于公司的严格管理制度。

奔驰公司认为，只有全体职工都重视产品质量，产品的质量才有保证。因此，公司十分强调企业精神，强调工人参与，努力营造一种严格质量意识的企业理念。高品质与职工的高素质是分不开的，因此，奔驰公司十分注意培训技工队伍，仅国内就设有502个培训中心。接受培训的人员主要包括两方面：一是受基本职业训练的年轻人，二是培训有经验的工程技术人员、商业人员和技术骨干。

受基本职业训练的年轻人经常保持在6000人左右，他们大部分都具有十年制学校毕业的文化程度，进厂后进行为期两年的培训。在培训过程中，除每周一天的厂外文化学习外，其余时间都在厂内进行车、焊、测等基本理论和实践的训练。学员在结业考试合格后，才能成为正式工人。不及格者可以再申请一次重考的机会，若还不能及格，则被认为不适合在该厂当工人而被辞退。在公司里，各车间只有简单的辅助工作才完全由青年工人独立完成，其他技术性的工作都是新老结合，以老带新。

奔驰公司的工程技术人员、商业人员和技术人员大约有9300多人，占职工总数的2%。他们是公司的骨干力量，公司对他们的培训是不惜血本的。公司通过举办专题讲座、派职工外出学习、设立业余学校等形式对他们进行内容丰富的各种再培训活动，平均每年有2～

3 万人参加这类再培训。另外，公司在关心职工生活、调动职工积极性、增强质量意识等方面也采取了多种其他措施。例如，全公司的 180 名医务人员除为职工看病外，还负责研究职工生病的原因、车间及办公室的合理布置、如何减轻劳动强度等；允许职工购买本公司股票；建立职工合理化建议制度等。对于人的素质提高，公司充分调动职工的积极性，因而职工的质量意识就强，因为产品质量的好坏直接关系到公司的命运和每一个职工的切身利益。

奔驰公司对产品的每个部件的制造都一丝不苟，有时甚至到了吹毛求疵的地步。人们在判断一辆汽车的质量时，大都对外观、性能较为重视，而很少注意它的座位，但对这个极少惹人注意的部位，奔驰公司也极为认真。例如在制作皮面的座位时，他们首先要选好牛皮，他们曾到世界各地进行考察、选择，确定牛皮质量最好的地区和牛的种类作为他们的牛皮供应点。在确定了供应点之后，奔驰要求在饲养过程中要防止牛身上出现外伤和寄生虫，保持良好的卫生状况，以保证牛皮不受伤害。对于一张 6 平方米左右的牛皮，奔驰厂只用一半，因为肚皮太薄，颈皮太皱，腿皮太窄。此后的制作、染色等都由专门的技术人员负责，直到座椅制成。从制作座椅的认真精神，可以推想到奔驰公司对主要部件的制造是如何精细了。

为了保证产品的高品质，奔驰公司的检查制度是十分严格的。即使一颗小小的螺丝钉，在组装到车上之前，也要先经过检查。生产中的每个组装阶段都有检查，最后经专门技师检查签字，车辆才能开出生产线。许多笨重的劳动如焊接、安装发动机和挡风玻璃都采用了机器人，从而保证了质量的统一。

在一辆奔驰汽车的制造工程中，有 5%～10%的汽车零件是从别的公司购买的，其余都是由自己的分公司按指定的设计、原料和生产规格的详细范本制造的。各个采购部的经理要对其经营范围的商品品种、规格和质量负全部责任。奔驰公司对主要供货厂家相当了解，并要求他们按消费者的要求及市场动向提供高质量的原料及零部件，因此，经理们同采购人员及供货厂家的技术管理人员保持着密切的联系。奔驰汽车公司为了检验新产品的质量和性能，除了有一套由计算机控制的设备外，又建造了一个占地 8.4 公顷的试验场，试验场里有由不同路面组成的车道 15 千米。公司每年都要拿出新车在试验场内做各种实验。为了进一步把好质量关，奔驰公司在美国、欧洲、加拿大、拉丁美洲、亚洲等地专门设有质量检测中心。该中心内设有大批的质检技术人员及高质量的设备，每年要抽检上万辆的奔驰汽车。

由于采取上述诸多措施，使得它生产的汽车耐用、舒适、安全，在人们心中树立起了高品质的形象，赢得了全世界人们的青睐。奔驰汽车，名门所出，确实与众不同！

讨论：一个多世纪以来，世界汽车业几经沧桑，许多汽车公司在激烈的市场竞争中几度沉浮，然而奔驰汽车公司为何却始终“吉星高照”？

知识链接

一、商品质量管理

（一）商品质量管理的概念

商品质量管理是指在质量方面指挥和控制组织的协调的活动。该概念可以从以下两方面理解：

- 商品质量管理是围绕商品和商品流通的质量管理，一般包括制定质量方针、目标和计划、质量组织、协调和控制，质量保证和质量改进等工作。
- 商品质量管理是由组织的最高管理者领导推动，各级管理者负责组织全体人员参与并承担义务的活动。在开展这些活动时应考虑经济因素，充分利用人力、物力资源，技术先进，经济合理，最大限度地满足顾客的需求。

（二）商品质量管理的发展历程

质量管理发展历程的 3 个阶段如表 2-1 所示。

表 2-1　质量管理发展历程的三个阶段

1. 检验质量管理阶段 （从 20 世纪初期到 40 年代）	方法：按既定标准要求对产品进行检验；管理对象是产品本身的质量；管理领域局限于生产制造过程 优点：杜绝不合格产品进入流通领域 缺点：一种消极的防范型管理，依靠事后把关，无法在生产过程中起到预防、控制作用
2. 统计质量管理阶段 （从 20 世纪 40 年代到 50 年代末）	方法：主要按照商品标准，运用数理统计在从设计到制造的生产工序间进行质量控制 优点：管理对象从生产制造过程扩大到设计过程，是一种预防型（事先监控型） 缺点：企图把质量问题消灭在生产过程中，不是所有的质量问题都在生产过程中出现
3. 全面质量管理阶段 （从 20 世纪 60 年代至今）	方法：企业全体职工及有关部门同心协力，综合运用管理技术、专业技术和科学方法，指导和控制组织各个方面的相互协调的活动。通过对商品质量全过程和全范围的管理达到或超越顾客对商品质量的要求，从而提高企业的经济效益 优点：a．全企业的质量管理 b．全员的质量管理 c．全过程的质量管理 d．多方法的质量管理 核心观点：a．一切为了顾客 b．一切凭依据说话 c．一切以预防为主 d．一切以 PDCA 循环办事

二、商品质量管理的基本方法

商品质量管理的整个过程，就是质量计划的制订和组织实施的过程，这个过程是按照 PDCA 循环周而复始地运转的。PDCA 循环是由美国质量管理专家戴明博士首先提出的，因此，又被称为“戴明环”，它是全面质量管理所应遵循的科学程序，在质量管理活动中被广泛应用。

（一）PDCA 循环的应用

1. PDCA 循环的 4 个阶段

PDCA 循环将管理过程分为 4 个阶段（见图 2-4），计划（Plan）、执行（Do）、检查（Check）和处理（Action），具体内容如下。

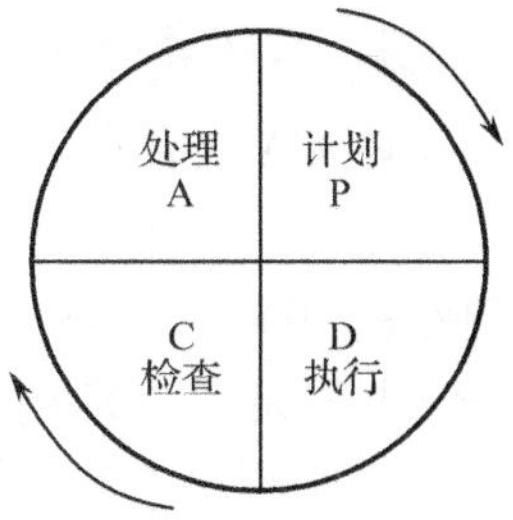

图 2-4　PDCA 循环的 4 个阶段

✧ 计划阶段（P）：计划阶段的任务是找出存在的问题，分析并找出产生问题的原因和影响问题的主因，针对主要的因素拟定对策和措施，制订工作计划和管理项目。

✧ 执行阶段（D）：执行阶段的任务是执行计划，按照预定的计划、目标、措施及分工具体实施，努力实现计划中的内容。

✧ 检查阶段（C）：检查阶段的任务是检查计划的执行情况，将执行结果和计划的要求进行对比，检查执行情况是否达到预期的效果。检查哪些措施有效，哪些措施效果不好，成功的经验是什么，失败的教训又是什么，原因在哪里，总结经验。

✧ 处理阶段（A）：处理阶段的任务是对执行结果进行处理、总结。对成功的经验加以肯定，并予以标准化，以便以后在工作中遵循；对失败的教训加以总结，并引起重视；将没有解决的问题引入到下一个 PDCA 循环中进行解决。

2. PDCA 循环的 8 个步骤

PDCA 循环将管理过程分为 8 个步骤（见图 2-5），具体内容如下：

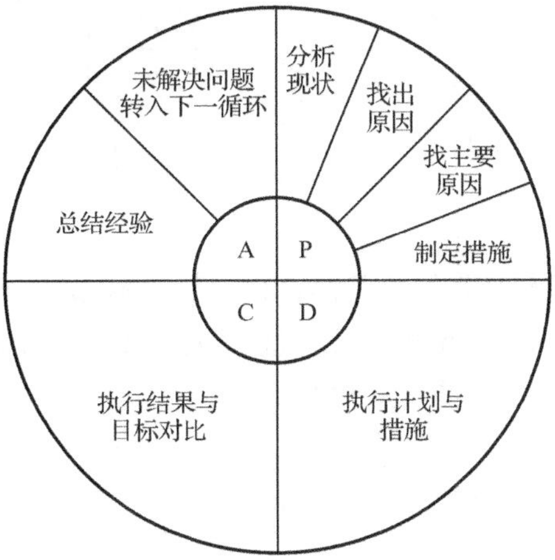

图 2-5　PDCA 循环的 8 个步骤

第一步，分析现状，找出存在的质量问题。

第二步，分析质量问题产生的原因和影响因素。

第三步，找出质量问题的主要影响因素。

第四步，制定改善质量的措施，提出行动计划，并预计效果。

第五步，执行计划与措施。

第六步，检查计划的执行结果。

第七步，总结经验。把成功的经验总结出来制定成相应的标准。

第八步，提出尚未解决的问题。通过检查，将尚未解决的问题列为遗留问题，转入到下一个 PDCA 循环中去。

（二）PDCA 循环的特点

1. 大环套小环，互相促进

PDCA 循环作为一种科学的质量管理方法，可用于各个方面、各个环节的质量管理工作。整个企业是一个大的 PDCA 循环，每个部门都有各自的 PDCA 循环，每个人的工作均有一个更小的 PDCA 循环，从而形成一个综合管理体系。这样就形成了一个大环、中环、小环，且一环扣一环，环环相扣，环环联动，推动整个企业的 PDCA 循环运转起来，使各个部门、各个环节和整个企业的质量管理工作有机地联系起来，彼此协调，相互促进，如图 2-6 所示。

2. 循环前进，阶梯上升

PDCA 工作循环，依靠组织力推动，循环不是原地转圈，停留在一个水平上的，而是螺旋式上升到一个新的高度，如同爬楼梯一样逐步上升，周而复始，不断循环。在质量管理上，经过一次循环就意味着解决了一批问题，质量水平提高一步，如图 2-7 所示。

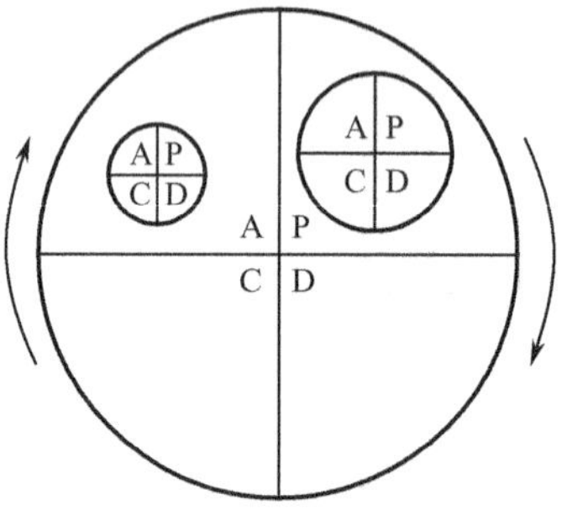

图 2-6　互相促进的特点

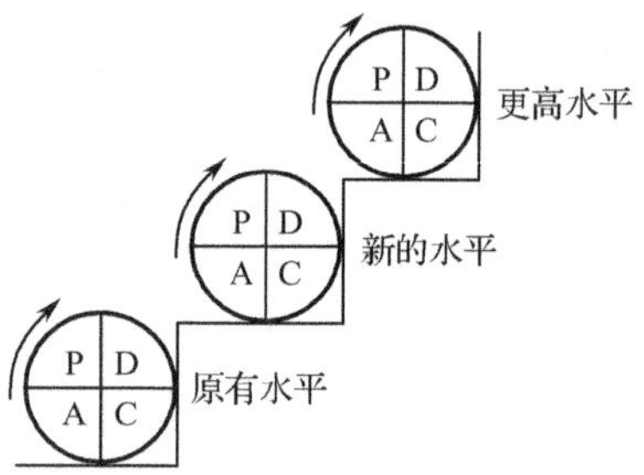

图 2-7　阶梯上升的特点

3. 关键在“处理”阶段

PDCA 循环的 4 个阶段不是截然分开的，而是紧密联系在一起的。在四个阶段之中，最重要的是“处理”阶段，“处理”就是总结经验，肯定成绩，纠正错误，加以“标准化”“制度化”，以便于下一个 PDCA 循环的有效进行。

知识拓展

伪劣产品危害多

1. 1995 年 12 月，湖南某市民陪同家人到一家火锅店吃火锅，该店使用的劣质煤气炉突然爆炸。脸部被大面积烧伤，导致毁容。

2. 1998 年 1 月，山西省文水县发生了震惊全国的“1·26”假酒案，致 22 人死亡。犯罪嫌疑人使用含有剧毒甲醇的工业酒精勾兑白酒，并且出售，最终被判处死刑。

3. 2002 年，“黑心棉事件”曾震惊全国。再生棉被用于制作棉衣、棉被等物品，即百姓俗称的“黑心棉”，它的粉尘大又经过一些硫酸等化学物质的漂洗，容易对人体造成极大的损害，因此在国家质检总局 2002 年颁布的《絮用纤维制品禁止使用原料管理办法》中，将再生棉列为絮用纤维制品禁用的原料。但是仍然有少数不法分子铤而走险。

4. 2002 年，我国广东、广西等地查出“毒大米”数百吨，根据“毒大米”样本检验结果，黄曲霉毒素的含量严重超标。过量食用被黄曲霉毒素污染的食品，严重者可在 2～3 周内出现肺水肿、昏迷等症状。

5. 2006 年，“地沟油”事件举国震惊。“地沟油”是一种质量极差、极不卫生的非食用油，它含有多种毒素，流向江河会造成水体营养化。人畜一旦食用，会破坏白血球和消化道黏膜，引起食物中毒，甚至致癌。长期以来，一些不法分子受利益驱动，非法从下水道和饭店废水中提取地沟油，并作为食用油低价销售给一些街头小餐馆。

6. 受人喜爱的“油炸臭豆腐”也不安全。2007 年，深圳十多家臭豆腐制造工厂为增加豆腐的臭味，竟使用粪便腌制。做好的豆腐还要用布包好埋在粪堆里。导致 3 名工商人员前去查处时，当场呕吐。另外，为了染色，不法商贩还在臭豆腐里面加入有毒的亚铁盐。

7. 2007 年，东北某大学大一新生新买的暖水壶壶底脱落，被开水烫伤右脚。这名新生是在完全不知情的情况下购买了暖水壶，结果暖水壶出现问题，责任在于商家，老板最终接受了赔偿该新生的要求。

练习与自测

一、判断题

1. 商品质量是一种主观质量特性。(　　)

2. 商品使用性是为满足一定的用途所必须具备的各种性能，它是构成商品使用价值的基本条件。(　　)

3. 法制建设对商品质量没有影响作用。(　　)

4. 一种商品只要技术足够强大，质量经得起考验，即使偶尔有碍于社会利益，也不会影响它的生存和发展。(　　)

5. 经济质量是人们按其真实的需要，希望以尽可能低的价格，获得尽可能优良性能的商品，即物美价廉的统一。(　　)

二、单项选择题

1. (　　)是指商品的一组固有特性，能满足消费者明确和隐含的要求（或需求）程度。

A. 商品价格　　B. 商品质量　　C. 商品规格　　D. 商品标准

2. 以尽量少的劳动消耗生产出更多的符合社会需要的商品，保证稳定地提高商品质量，向社会、用户提供物美价廉的优质商品，这是商品质量要求的(　　)。

A. 使用性　　B. 审美性　　C. 经济性　　D. 信息性

3. 商品的卫生性属于商品的(　　)。

A. 外观质量　　B. 内在质量　　C. 社会质量　　D. 经济质量

4. 生产无氟冰箱是企业关注商品的(　　)。

A. 外观质量　　B. 内在质量　　C. 社会质量　　D. 经济质量

5. 国家要求企业对生产的汽车加贴汽油耗标志是满足消费者对该商品的(　　)的要求。

A. 外观质量　　B. 内在质量　　C. 社会质量　　D. 经济质量

三、多项选择题

1. 下面属于商品质量基本要求的是（　　）。
   A. 适用性　B. 安全卫生性　C. 审美性　D. 经济性
   E. 寿命可靠性　F. 信息性　G. 环保性
2. 下面会影响商品质量的是（　　）。
   A. 生产过程　B. 流通过程
   C. 消费过程　D. 人的管理水平和技术水平
3. 评价商品的质量好坏，可从（　　）几个方面来鉴定。
   A. 商品内在质量　B. 商品外在质量
   C. 商品社会质量　D. 商品经济质量
4. 商品社会质量是指（　　）。
   A. 社会道德　B. 环境保护
   C. 安全卫生　D. 资源开发及能源利用
5. 下面属于保证和提高商品质量意义的是（　　）。
   A. 有利于促进国民经济的发展　B. 创造社会财富、满足消费的重要标志
   C. 促进企业质量管理制度完善　D. 提高市场竞争力的重要措施

四、案例分析题

网购越来越成为一种风潮，方便、省钱的优点尤其深受当下年轻人的追捧。不少女性都会觉得在网上购买化妆品会比在实体品牌店购买省钱，但是她们可能并不了解有大约两成假货正在透过网络销售进入消费者的手中。

根据近日由中国消费者协会、中国质量万里行及中国互联网协会等权威机构联合国内外100多家化妆品企业推出的《中国化妆品安全指数》上的数据显示，通过网络销售的化妆品有两成为假冒商品。

通过对市区各大化妆品实体连锁店的调查，一些消费者大都表示网购过化妆品，对网购化妆品有着自己的一些看法，他们会选择在一些大型的电商那里购买化妆品，觉得这样会有质量保障，但还是会首选实体店购买。

业内专家则指出，一些电商在售的商品，可能是真品，但进货的渠道可能存在违规的问题。在他们看来，大牌化妆品的国内经销商给到零售商的价格折让不可能那么低，如果过低，不排除与“水货”存在某种联系。所以在现在网购化妆品逐年升温的同时，低价是否能带来所谓的“正品”呢？正在成为影响这个行业健康发展的隐患。

据了解，2013年度消费者主动获取化妆品信息为日均500万次，用户在网络上购买化妆品的行为呈现上升趋势。其中真品、正品依然是用户关注的热点，每10个消费者中就有9人对于化妆品真假问题产生质疑。在假货导致的化妆品伤害中，除了过敏外，因为铅、汞等重金属超标导致的色素沉积，脱皮成为伤害女性美丽的第二大杀手；酒精超标破坏皮肤自有水质膜，导致皮肤变干，水杨酸使皮肤防御力变差分别列为皮肤的第三、第四号杀手。

讨论分析：你怎样理解商品质量的要求？

第三章　商品标准与标准化

任务目标

- 理解商品标准的概念
- 了解商品标准的不同分级，会区分商品标准
- 理解商品标准化的作用

第一节　商 品 标 准

情景导入

某商场接到顾客投诉，称所购买的电冰箱噪声过大，为伪劣商品。商场人员认为电冰箱启动时都会有一点噪声，该电冰箱的噪声属于正常范围，为合格产品。双方争执不下。电冰箱的噪声是否过大？是否为合格产品应以什么作为判断的依据？

知识链接

一、商品标准的概念

商品标准是指对商品质量和有关质量的各方面（如品种、规格、用途、试验方法、检验规则、包装、标志、运输和储存等）所作的统一技术规定，是评定、监督和维护商品质量的准则和依据。

商品标准是科学技术和生产力发展水平的一种标志，它是社会生产力发展到一定程度的产物，又是推动生产力发展的一种手段。对正式生产的各类商品，都应制定或符合相应的商品标准。商品标准由主管部门批准、发布后，就是一种技术法规，具有法律效力，同时也具有政策性、科学性、先进性、民主性和权威性。它是生产、流通、消费等部门对商品质量出现争议时执行仲裁的依据。

二、商品标准的分类

商品标准按表现形式可分为文件标准和实物标准，按约束程度可分为强制性标准和推荐性标准，如表 3-1 所示。

试行标准与正式标准具有同等效用，同样具有法律约束力。试行标准一般在试行 2～3 年后，经过讨论修订，再作为正式标准发布。现行标准绝大多数为正式标准。

表 3-1 商品标准的类型

划分标准	标准类型	标 准 描 述	举 例 说 明
按商品标准表现形式分	文件标准	以文字（包括表格、图形等）的形式对商品质量所做的统一规定。绝大多数商品标准都是文件标准	文件标准是指在其开本、封面、格式、字体、字号等方面有明确的规定，应符合《标准化工作导则 标准出版印刷的规定》的有关规定
	实物标准	对某些难以用文字准确表达的质量要求（如色泽、气味、手感等），由标准化主管机构或指定部门用实物做成与文件标准规定的质量要求完全或部分相同的标准样品，是文件标准的补充	粮食、茶叶、羊毛、蚕茧等农副产品，都有分等级的实物标准。实物标准是文件标准的补充，实物标准要经常更新
按商品标准约束程度分	强制性标准	强制性标准又称法规性标准，即一经批准发布，在其规定的范围内，有关方面都必须严格贯彻执行。国家对强制性标准的实施情况依法进行有效的监督	强制性标准主要是对有些涉及安全、卫生方面的进出口商品规定了限制性检验标准，以保障人体健康和人身、财产的安全。如药品标准、食品卫生标准，兽药标准，工程建设的质量、安全、卫生标准及国家需要控制的其他工程建设标准等
	推荐性标准	推荐性标准又称自愿性标准，即国家制定的标准由各企业自愿采用，自愿认证，国家利用经济杠杆鼓励企业采用。实行市场经济的国家大多数实行推荐性标准，例如国际标准及美国、日本等国的大多数标准	我国从 1985 年开始实行强制性和推荐性标准相结合的标准体制。截止到2000年年底，我国已有国家标准 19278 项，其中强制性国家标准有 2653 项，占国家标准的 13.8%；推荐性国家标准有 16625 项，占国家标准的 86.2%

3. 按商品标准的保密程度分类

标准可以分为公开标准和内部标准。

我国的绝大多数标准都是公开标准。少数涉及军事技术或尖端技术机密的标准，只准在国内或有关单位内部发行，这类标准称为内部标准。

另外，商品标准还可以按性质分为产品标准、方法标准、基础标准、安全标准、卫生标准、管理标准、环保标准、其他标准等。

三、商品标准的分级

商品标准按其发生作用的范围或审批权限，分为国际标准、国家标准、行业标准、地方标准、企业标准等不同等级。

1. 国际标准

国际标准是指由国际上权威的专业组织制定，并为世界上多数国家承认和通用的产品质量标准，如国际标准化组织（ISO）、联合国粮农组织（UNFAO）等国际组织颁布的标准。国际标准属于推荐性标准。

2. 国家标准

国家标准是由国务院有关主管部门提出，由国家标准总局审批和公布，在全国范围内实施的标准。

强制性国家标准代号为 GB。

推荐性国家标准代号为 GB/T。

编号方式：国家标准代号 标准顺序号—发布年号。

例如：GB 18168—2000 表示在 2000 年发布的第 18168 号强制性国家标准。

又如：GB/T 12113—1996 表示在 1996 年发布的第 12113 号推荐性国家标准。

其中，对于发布年号，在 1996 年以后发布的标准用 4 位数字表示，1996 年之前的用 2 位数字表示。

3. 行业标准

行业标准是在没有国家标准的情况下，由标准化主管机构制定、审批和发布的标准。如发布实施了国家标准，则该行业标准自行废止。

行业标准也分为强制性标准和推荐性标准。表 3-2 中给出的是强制性行业标准代号，推荐性行业标准代号是在强制性行业标准代号后面加“/T”，如农业行业的推荐性行业标准代号是 NY/T。

表 3-2 我国强制性行业标准代号

序号	行业标准名称	行业标准代号	主管部门
1	农业	NY	农业部
2	水产	SC	农业部
3	水利	SL	水利部
4	林业	LY	国家林业局
5	轻工	QB	国家轻工业局
6	纺织	FZ	国家纺织工业局
7	医药	YY	国家药品监督管理局
8	民政	MZ	民政部
9	教育	JY	教育部
10	烟草	YC	国家烟草专卖局
11	黑色冶金	YB	国家冶金工业局
12	有色冶金	YS	国家有色金属工业局
13	石油天然气	SY	国家石油和化学工业局
14	化工	HG	国家石油和化学工业局
15	石油化工	SH	国家石油和化学工业局
16	建材	JC	国家建筑材料工业局
17	地质矿产	DZ	国土资源部
18	土地管理	TD	国土资源部
19	测绘	CH	国家测绘局
20	机械	JB	国家机械工业局

编号方式：行业标准代号 标准顺序号—发布年号。

例如：NY 1234—94 表示在 1994 年发布的第 1234 号强制性农业行业标准。

又如：JB/T 4192—1996 表示在 1996 年发布的第 4192 号推荐性机械行业标准。

4. 地方标准

地方标准指对没有国家标准和行业标准而又需要在省、自治区、直辖市范围内统一要求，由地方制定、审批，并报国务院标准化行政主管部门和国务院有关行政主管部门备案，在本行政区域内统一使用的标准，在公布和实施相应的国家标准和行业标准之后，该项地方标准自行废止。

强制性地方标准代号为 DB+地区代码。

推荐性地方标准代号为 DB+地区代码/T。

编号方式：地方标准代号 标准顺序号—发布年号。

其中，地区代码为各省、自治区、直辖市行政区划代码的前 2 位数字，如 11 表示北京市，12 表示天津市，13 表示河北省，14 表示山西省等。

例如：DB11/068—1996 表示在 1996 年发布的第 068 号强制性北京地方标准。

又如：DB34/T 166—1996 表示在 1996 年发布的第 166 号推荐性安徽省地方标准。

5. 企业标准

企业标准代号由“Q”和斜线加企业代号组成。企业代号的规定分两种情况：一是中央所属企业的企业代号，由国务院有关行政主管部门规定；二是各地方所属企业的企业代号，由所在省、自治区、直辖市政府标准化主管部门规定。企业代号可用汉语拼音、阿拉伯数字或两者兼用表示。

编号方式：企业标准代号 标准顺序号—发布年号。

例如：Q/EGF024—1997 表示于 1997 年发布的某企业第 024 号企业标准。

又如：Q/ZDS014—94 表示于 1994 年发布的某企业第 014 号企业标准。

小实践

走访各大超市或卖场，对超市或卖场商品标准进行调查，具体分析其标准制定情况及标准贯彻、执行和实施情况。以小组形式完成调查报告并在课上交流。

品　名	品　牌	质量等级	标准等级	商品标准号	商品规格	保质期
单晶冰糖	太古	优级	企业标准	QB/T1174	KG	24 个月
牛奶						
纸巾						
水杯						
手机						
纸尿裤						

四、商品标准的基本内容

商品标准由概述、正文和补充三部分构成，一般包括以下几个方面的内容

1. 概述部分

概述部分概括地说明标准化的对象和内容、适用范围以及批准、发布、实施的时间等。包括封面、目录、标准名称、引言等内容。

2. 技术内容部分

技术内容部分是整个标准化的核心，其中对标准化对象的实质性内容作了具体规定。技术内容部分包括：名词术语、符号代号、产品品种规格、技术要求、试验方法、检验规则、标志、包装、运输、储存等内容。

3. 补充部分

商品标准补充部分是对标准条文所作的必要补充说明和提供使用的参考资料。包括附录和附加说明两部分。

小实践

调查身边商品的商品标准号，在国家标准查询网 http://www.gov.cn/fuwu/bzxxcx/bzh.htm 中查询，阅读学习商品标准的内容，分析商品是否符合相关标准规定。

商品名称	商品标准号	概述	正文	补充	是否符合

第二节 商品标准化

情景导入

顾客老刘来到小王店里想选一床被套，但是规格大小和家里的都不符合。小王说，现在的被套和被芯规格大小与以前老规格不一样了。老刘郁闷地说，难不成自己要用老被芯当床垫。类似这样的被套和被芯不符合的现象在日常生活中并不多见，试分析其中的原因是什么。

知识链接

一、标准化的概念

商品标准化是指在商品生产和流通加工的各个环节中制定、发布，以及实施商品标准的

活动。推行商品标准化的最终目的是达到统一，从而获得最佳市场秩序和社会效益。

商品标准化的内容包括：名词术语统一化，商品质量标准化，商品零部件通用化，商品品种规格系列化，商品质量管理与质量保证标准化，商品检验与评价方法标准化，商品分类编码标准化，商品包装、储运、养护标准化等。

商品标准化是一项系统管理活动，涉及面广、专业技术要求高、政策性强。因此，必须遵循统一管理与分级管理相结合的原则，建立一套完善的标准化机构和管理体系，调动各方面的积极性，搞好分工协作，吸取国外标准化的先进经验，才能顺利完成商品标准化的任务。

二、标准化的形式

商品标准化的形式是标准化内容的表现方式，是商品标准化过程的表现形态，也是商品标准化的方法。商品标准化有多种形式，每种形式都表现不同的内容，针对不同的标准化任务，达到不同的目的。商品标准的形式主要有简化、统一化、通用化、系列化、组合化五种，如图 3-1 所示。

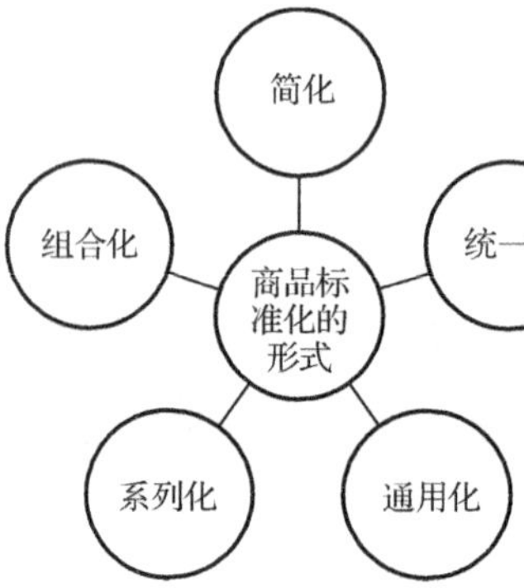

图 3-1　商品标准化的形式

1. 简化

所谓简化是指在一定范围内缩减标准化对象（或事物）的类型数目，使之在既定时间内满足一般需求的标准化形式。简化是标准化的基本形式，也是实际应用较广泛的一种形式。通过合理的简化能去掉多余、重复、低功能的产品，使商品构成更加精练、合理，为新的商品类型、品种、规格的出现，为多样化的合理发展扫清障碍。因此，简化是商品系统发展的外在动力，是对商品类型、品种进行有意识控制的一种有效形式。

2. 统一化

所谓统一化是指把同类事物（如术语、产品、文件等）两种以上的表现形态归并为一种或限定在一定范围的标准化形式。如我国民用电的电压与频率，新中国成立前有 110V/60Hz、110V/25Hz、100V/50Hz、125V/50Hz、220V/50Hz 等，新中国成立后统一为 220V/50Hz。

统一化同简化一样，也是标准化的基本形式，是标准化活动中内容最广泛、开展最普遍的一种形式。通过合理的统一化可以消除由于不必要的多样化而造成的混乱，为人类的正常活动建立共同遵循的秩序。

3. 通用化

通用化是指在互相独立的系统中，最大限度地扩大具有功能互换和尺寸互换的功能单元使用范围的一种标准化形式。

通用化是以互换性为前提的。互换性是指同一规格零部件中不需要做任何挑选或再加工及调整就可装上机器，且达到使用性能的要求。通用化的目的是最大限度地减少零部件在设计和制造过程中重复劳动，有利于组织专业化生产和扩大零部件的使用范围，提高产品通用化水平，增强企业竞争能力，提高企业经济效益。

手机充电器的变迁是通用化的典型例证，如图 3-2 所示。

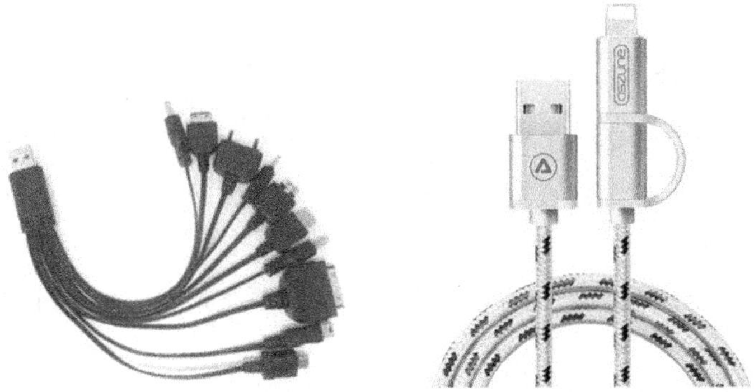

图 3-2　手机充电器的变迁

4. 系列化

系列化是指对同一类商品中的一组商品同时进行标准化的一种形式。

系列化是标准化走向成熟的标志。系列化摆脱了标准化初期独立地、逐个地制定单项产品标准的传统方式，从全局考虑问题，每制定一类产品的系列标准都决定了产品发展方向，并能覆盖该类产品的市场需求。

如苹果系列手机，如图 3-3 所示。

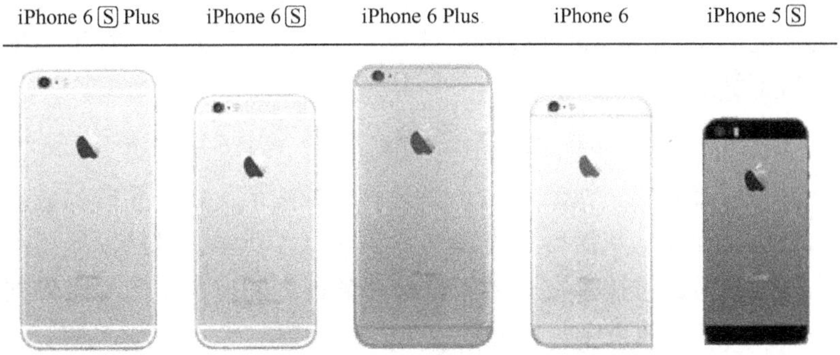

图 3-3　苹果系列手机

5. 组合化

组合化是按照标准化的原则，设计并制造一系列通用性较强的单元，根据需要拼合成不同用途的商品的一种标准化形式。组合化是受积木玩具的启发而发展起来的，所以，也有人称之为“积木化”。

组合化的原则已经广泛应用于机械产品、仪表产品、工艺产品、家具产品等的设计和制造中。在建筑行业也广泛采用组合式建筑结构，计算机软件的开发也运用了这一方法，并显示出明显的优越性。

小知识

公元前210年，秦始皇统一六国后，下令在全国范围内统一货币、文字、度量衡，大大便利了全国各地的商品交换和经济往来。

三、商品标准化的作用

商品标准化的水平是衡量一个国家或地区生产技术和治理水平的尺度，是现代化的一个重要标志，其重要作用已被人们普遍认识和认可。下面主要从国家、企业和消费者三个角度来说明商品标准化的作用。

1. 商品标准化可以促进经济建设和社会生活的协调发展且可以消除技术性贸易壁垒，调节国际贸易

随着经济的发展、人民生活水平的提高，人们对商品标准化的要求也越来越高，不仅仅单纯要求商品有高质量，对商品在安全与环保方面的要求也越来越高。标准化一方面可以促进经济建设的有序发展，另一方面又能控制和最大限度地降低经济活动所带给社会的负面作用，做到两者的协调发展。

技术性贸易壁垒是指一国以维护国家安全、保障本国公民的健康和安全、保护环境等为由制定的一些强制性的技术法规、标准所形成的贸易障碍，即通过颁布法律、法令、条例、规定，建立技术标准、认证制度、检验检疫制度等方式，对外国进口商品制定苛刻烦琐的技术卫生检疫、商品包装和标签等标准，从而提高进口产品要求，增加进口难度，最终达到限制进口的目的。由于国际标准被大多数国家所接受，因此在国际贸易中采用国际标准，可使双方处于平等的地位，不会因标准的差异而产生技术壁垒。消除技术性贸易壁垒，可提高商品在国际市场中的竞争力。

2. 商品标准化可以提高商品质量，促进科技创新

企业一旦有新的科研成果（如新工艺、新材料、新技术、新产品研制成功）通过技术鉴定，就会被纳入相应的标准，从而得到迅速推广和使用。科学技术的发展推动了标准化活动的开展，标准化反过来又促进技术发展创新，推动各国之间技术交流和成果共享。标准化是积累实践经验、推广应用高新技术、促进技术创新的桥梁。

3. 商品标准化可以提高消费者鉴别商品质量的能力

作为消费者，掌握了关于商品标准和标准化的基本知识后，可以提高自己辨别商品质量的能力，也可以从侧面大致判断生产企业经营管理水平的高低。市场上所销售的大部分商品都必须有自己相应的标准，必须在其包装或者说明书上注明其标准是什么。通过这些标准，消费者可以判断商品质量的高低。有些商品可能有多重标准，如某产品已经有国家标准或地

方标准和行业标准，而执行的是国际标准，这时人们可以大致推测该产品质量较好。因此，商品标准化可以提高消费者鉴别商品质量的能力。

小知识

《中华人民共和国标准化法》

《中华人民共和国标准化法》由中华人民共和国第七届全国人民代表大会常务委员会第五次会议于1988年12月29日通过，1989年4月1日起实施，分为五章二十六条。《中华人民共和国标准化法》的重要意义如下：

（1）《中华人民共和国标准化法》是制定标准、推行标准化、实施标准化管理和监督的依据。《中华人民共和国标准化法》的颁布，标志着我国标准化工作已进入法制管理的新阶段。

（2）标准化是组织专业化生产的技术纽带。《中华人民共和国标准化法》的颁布，有利于发展社会化大生产，有利于发展社会主义商品经济。

（3）标准是科研、生产、交换和使用的技术依据。《中华人民共和国标准化法》规定，企业必须按标准组织生产，对于那些涉及人民生命、财产安全的产品，必须强制执行。违反者要追究其法律责任。《中华人民共和国标准化法》的颁布，有利于维护国家、集体和个人三者的利益。

知识拓展

农产品与技术壁垒

商务部最新调查显示，TBT（技术性贸易壁垒协议）已经成为我国农产品出口的最大障碍，90%的食品土畜出口企业受国外技术壁垒的影响，造成损失约90亿元。

从受阻的产品来看，受影响的农产品范围越来越大。从水产品、畜产品、禽肉等动物源性农产品，到茶叶、花生、蔬菜、水果等植物产品、加工产品，均面临技术壁垒的限制，而且国外技术壁垒所包含的产品范围在不断扩大。对我国实施技术壁垒的贸易伙伴国有：欧盟（冻虾、水产品氯霉素超标，茶叶农药残留，禽肉中含有动物疫病和农药，兽药残留，果汁含有乙烯利），美国（对禽肉、水产品、蜂蜜实施较为严格的进口限制措施），日本（蔬菜、蜂蜜农药残留，贝类产品含有贝类霉素），英国（蜜蜂含有氯霉素残留），德国（冻虾检测到氯霉素），法国（水产品沙门氏菌超标、葡萄球菌超标），阿拉伯联合酋长国（禽类产品氯霉素残留），俄联邦（猪肉、牛肉和禽肉不符合兽医检查的要求），韩国（检测出禽流感病原体等）、加拿大（蜂蜜和水产品氯霉素超标），荷兰（动物源产品卫生安全问题），墨西哥（把扣留的中国蜂蜜销毁或退回），西班牙（高度关注中国橘子罐头的农药残留问题），沙特阿拉伯（蜂蜜和海产品氯霉素超标）。

从对方国对我国实施技术壁垒的理由来看，主要是农药、兽药残留量超标。许多国家都制定了自己的环境标准指标水平和检测方法，其中最主要的是对农产品中有害物残留的限制。各国不仅对农产品农药残留量的检验项目趋增、限量趋严，而且还对畜产品提出检验兽药残留量的要求，对罐头、肉类、蔬菜、水产品等加工食品提出微生物限量标准的检验要求，并要求在进口合同中做出最大允许限量或禁止使用的明确规定等。其他对我国农产品实施技术壁垒的理由还有氯霉素残留，沙门氏菌、葡萄球菌超标，抗生素残留超标，微生物超标等。

◆讨论

1. TBT对我国农产品出口造成了哪些影响？
2. 我国采用国际标准有什么重要意义？

练习与自测

一、判断题

1．完全市场经济国家里以推荐性标准为主。（　　）

2．企业只有在其生产的产品没有相应的国家标准、行业标准和地方标准时，才能制定企业标准。（　　）

3．按商品标准的成熟程度可以分为强制性标准和推荐性标准。（　　）

4．商品标准一经发布，就具有法律的效力。（　　）

5．商品标准化是对商品质量以及与质量有关的各个方面所做的统一技术规定，是评定、监督和维护商品质量的准则和依据。（　　）

二、单项选择题

1．（　　）是对商品质量以及与质量有关的各个方面所做的统一技术规定，是评定、监督和维护商品质量的准则和依据。

A．商品标准　B．商品标准化　C．商品鉴定标准　D．商品法

2．ISO 9000质量管理保障体系认证标准是（　　）。

A．国际标准　B．国家标准化　C．行业标准　D．地方标准

3．GB 38537—2008是指（　　）。

A．2008年发布的第8537号强制性国家标准

B．2008年发布的第8537号推荐性国家标准

C．2008年发布的第8537号强制性行业标准

D．2008年发布的第8537号强制性地方标准

4．（　　）是商品生产和商品流通的各个环节中制定、发布以及实施商品标准的活动。

A．商品标准　B．商品标准化　C．行业标准　D．企业标准

5．（　　）指对没有国家标准而又需要在全国某个行业范围内统一技术要求所制定的标准。

A．国际标准　B．国家标准　C．行业标准　D．企业标准

6．对同一类产品中的一组产品同时进行标准化的形式是（　　）。

A．系列化　B．简化　C．通用化　D．统一化

7．DB11/068—1996是指（　　）。

A．1996年发布的第068号推荐性国际标准

B．1996年发布的第068号强制性国家标准

C．1996年发布的第068号强制性地方标准

D．1996 年发布的第 068 号推荐性地方标准

8．京 Q/EGF024—1997 表示（　　）。

A．1997 年发布的北京市某企业的第 024 号企业标准

B．1997 年发布的北京市某企业的第 EGF024 号企业标准

C．1997 年发布的北京市某企业的第 024 号行业标准

D．1997 年发布的北京市某企业的第 Q/EGF024 号企业标准

三、多项选择题

1．按商品标准的表现形式，分为（　　）标准和（　　）标准。

A．强制性　　B．文件　　C．推荐性　　D．实物

2．按商品标准的约束程度，分为（　　）标准和（　　）标准。

A．强制性　　B．文件　　C．推荐性　　D．实物

3．商品标准可分为（　　）。

A．国际标准　　B．国家标准　　C．行业标准　　D．地方标准

E．企业标准

4．以下不属于国际标准的是（　　）。

A．ISO 9000　　B．IEC 61508

C．NY 1234—94　　D．GB/T 5749—2006

5．商品标准化的形式包括（　　）。

A．简化　　B．系列化　　C．统一化　　D．复杂化

四、简答题

1．什么是商品标准？我国的商品标准是如何分级的？

2．什么是商品标准化？商品标准化有何作用？

第四章 商品检验

任务目标

- 明确商品检验的概念、目的、内容和作用
- 掌握商品抽样的要求和方法
- 掌握商品检验的主要方法
- 理解商品分级的概念及商品分级的方法

第一节 商品检验概述

情景导入

当一种产品即将进入市场时，为了保障消费者的人身财产安全，国家主管部门将会对产品质量进行检验。你知道图 4-1 中的标识分别代表什么意思吗？

图 4-1 商品标识

知识链接

一、商品检验的概念

商品检验是指商品的产方、买方或者第三方在一定的条件下借助某种手段和方法，按照合同、标准或国内外有关法律、法规和惯例，对商品的质量、规格、重量、数量、包装、安全及卫生等方面进行检查，并做出合格与否或通过验收与否的判定。它能够维护买卖双方合法权益，避免或解决各种风险损失和责任划分的争议，便于商品交接结算而出具各种有关证书。

按照《中华人民共和国商品检验法》规定，商品检验的内容包括 5 个方面，如图 4-2 所示。

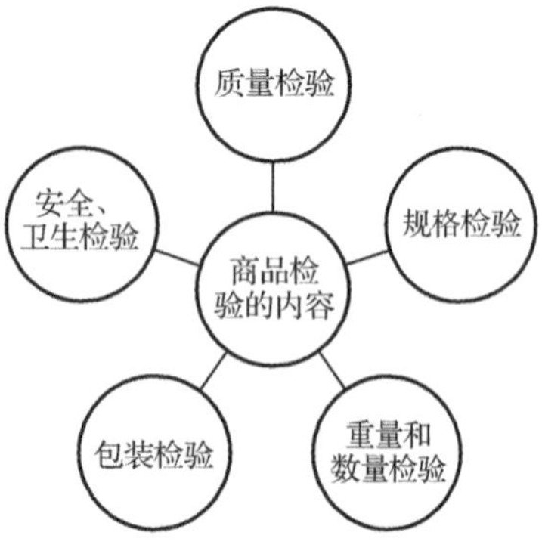

图 4-2 商品检验的内容

1. 商品质量检验

商品质量检验就是对商品使用价值所表现出来的各种特性运用各种手段进行测试的过程。其目的就是判别、确定该商品的质量是否符合买卖合同或标准的规定。在商品交易中，双方首先要考虑的问题就是商品的质量，因此对商品品质的规定往往是合同中最主要的条款，也是商品标准中最重要的内容。因此，商品质量检验是商品检验的中心内容。

商品质量检验包括外观质量和内在质量的检验。外观质量检验：指对商品外观尺寸、造型、结构、款式、表面色彩、表面精度、软硬度、光泽度、新鲜度、成熟度、气味等的检验。内在质量检验：指对商品的化学组成、性质和等级等技术指标的检验。

2. 商品规格检验

规格表示同类商品在量（如体积、容积、面积、粗细、长度、宽度、厚度等）方面的差别，与商品品质优劣无关。如鞋类的大小、纤维的长度和粗细、玻璃的厚度和面积等规格，只表明商品之间在量上的差别，而商品品质取决于品质条件。商品规格是确定规格差价的依据。由于商品的品质与规格是密切相关的两个质量特征，因此，对商品规格的检验是商品检验的重要内容。

3. 重量和数量检验

它们是买卖双方成交商品的基本计量和计价单位，直接关系着双方的经济利益，也是对外贸易中最敏感且容易引起争议的因素之一。商品重量和数量检验包括对不同商品，采用不同的计重方式计量出准确的重量；检验商品的件数、个数等，还包括商品的长度、面积、体积和容积。

4. 包装检验

商品包装检验是根据贸易公司或契约规定，对商品的包装标志、包装材料、包装种类、包装方法等进行检验，查看商品包装是否完好、牢固等。商品包装检验就是对商品的销售包装和运输包装进行检验。

小案例

我国某公司出口某种化工原料，共 500t，合同规定“单层新麻袋，每袋 50kg”。但我方装船发货时发现新麻袋装的货物只够 450t，于是将剩余 50t 货物用一种更结实、价格也较新麻袋贵的涂塑麻袋包装，结果却被对方索赔。

案例分析：包装也是贸易合同的要素之一，如所用的包装材料与规定不符，不管是好是坏，也不管是贵是贱，都是违约，买方有权拒收或提出索赔。

5. 安全、卫生检验

商品安全检验是指电子电器类商品的漏电检验、绝缘性能检验和 X 光辐射检验等。商品卫生检验是指对商品中的有毒有害物质及微生物的检验，如食品添加剂中砷、铅、镉的检验，茶叶中的农药残留量检验等。

对于进出口商品的检验除上述内容外，还包括海损鉴定、集装箱检验、进出口商品的残损检验、出口商品的装运技术条件检验、货载衡量、产地证明、价值证明以及其他业务的检验。

二、商品检验的目的与任务

商品检验的目的是运用科学的检验技术和方法，正确地评定商品质量。

商品检验的任务是从商品的用途和使用条件出发，分析和研究商品的成分、结构、性质及其对商品质量的影响，确定商品的使用价值；拟定商品质量指标和检验方法，运用各种科学的检测手段评定商品质量，并确定是否符合规定标准的要求；研究商品检验的科学方法和条件，不断提高商品检验的科学性、精确性、可靠性，使商品检验工作更科学化、现代化；探讨提高商品质量的途径和方向，促进商品质量的提高，并为选择适宜的包装、保管和运输方法提供依据，在进出口贸易中尤为重要。

小知识

必维国际检验集团是测试、检验和认证服务的全球领导者，得到36个以上的国际授信机构和国家授信机构的认可。目前，它在全球140个国家中拥有1330个办公室以及5700多名训练有素的资深审核员，为全球超过30万家客户提供服务。

三、商品检验的类型

1. 商品按检验目的的不同分类

商品按检验目的的不同，通常可分为生产检验、验收检验和第三方检验三种，如表4-1所示。

表4-1 按商品检验目的划分类型

类　型	描　述
生产检验	是由生产企业或其主管部门自行设立的检验机构，对所属企业进行原材料、半成品和成品产品的自检活动。目的是及时发现不合格产品，保证质量，维护企业信誉。经检验合格的商品应有“检验合格证”标志
验收检验	是由商品的买方为了维护自身及其顾客利益，保证所购商品符合标准或合同要求所进行的检验活动。目的是及时发现问题，反馈质量信息，促使卖方纠正或改进商品质量。在实践中，商业或外贸企业还常派“驻厂员”，对商品质量形成的全过程进行监控，对发现的问题，及时要求产方解决
第三方检验	是由处于买卖利益之外的第三方（如专职监督检验机构），以公正、权威的非当事人身份，根据有关法律、标准或合同所进行的商品检验活动，如公证鉴定、仲裁检验、国家质量监督检验等。目的是维护各方面合法权益和国家权益，协调矛盾，促使商品交换活动的正常进行

2. 按接受检验商品的数量不同分类

按接受检验商品的数量不同分类，可分为全数检验、抽样检验和免于检验，如表4-2所示。

表4-2 按检验数量划分类型

类　型	描　述
全数检验	又称全额检验、百分之百检验，是对整批商品逐个（件）地进行的检验。其特点是能提供较多的质量信息，给人一种心理上的放心感。缺点是由于检验量大，其费用高，易造成检验人员疲劳而导致漏检或错检

续表

类　型	描　述
抽样检验	是按照已确定的抽样方案，从整批商品中随机抽取少量商品作为逐一测试的样品，并依据测试结果去推断整批商品质量合格与否的检验。它具有占用人力、物力和时间少的优点，具有一定的科学性和准确性，是比较经济的检验方式。但检验结果相对于整批商品实际质量水平，总会有一定误差
免于检验	对于生产技术水平高和检验条件好、质量管理严格、成品质量长期稳定的企业生产出来的商品，在企业自检合格后，商业和外贸部门可以直接收货，免于检验

3. 按商品内外销售情况分类

按商品内外销售情况分类，可分为内销商品检验和进出口商品检验两种。内销商品检验和进出口商品检验方式主要有以下 9 种。

（1）工厂签证，商业免检：工厂生产出来的产品，经工厂检验部门检验签证后，销售企业可以直接进货，免于检验程序。该形式多适用于生产技术条件好、工厂检测手段完善、产品质量管理制度健全的生产企业。

（2）商业监检，凭工厂签证收货：商品监检是指销售企业的检验人员对工厂生产的半成品、成品及包装，甚至原材料等，在工厂生产全过程中进行监督检验，销售企业可凭工厂检验签证验收。该形式适用于比较高档的商品质量检验。

（3）工厂签证交货，商业定期不定期抽验：对于某些工厂生产的质量稳定的产品、质量信得过的产品或优质产品，一般在工厂签证后便可交货，但为确保商品质量，销售企业可采取定期不定期抽验的方法。

（4）商业批检：商业批检是指销售企业对厂方的每批产品都进行检验，否则不予收货。此种检验形式适用于质量不稳定的产品。

（5）行业会检：对于多个厂家生产同一种产品，在同行业中由工商联合组织行业会检。一般是联合组成产品质量评比小组，定期或不定期地对行业产品进行检验。

（6）库存商品检验：仓储部门对储存期内易发生质量变化的商品所进行的定期检验，目的是及时掌握库存商品的质量变化状况，达到安全储存目的。

（7）法定检验：法定检验是根据国家法令规定，对指定的重要进出口商品执行强制性检验。其方法是根据买卖双方签订的经济合同或标准进行检验，对合格商品签发检验证书，作为海关放行凭证。未经检验或检验不合格的商品，不准出口或进口。

（8）公证检验：公证检验是不带强制性的，完全根据对外贸易关系人的申请，接受办理的各项鉴定业务检验。商品检验机构以非当事人的身份和科学公正的态度，通过各种手段，来检验与鉴定各种进出口商品是否符合贸易双方鉴定的合同要求或国际上有关规定，得出检验与鉴定结果、结论，或是提供有关数据，以便签发证书或其他有关证明等。

（9）委托业务检验：委托业务检验是我国商检机构与其他国家商检机构，开展相互委托检验业务和公证鉴定工作。目前，各国质量认证机构实行相互认证，大大方便了进出口贸易。

第二节　商品抽样与抽样方法

情景导入

为了了解本校学生在课余时间参加体育活动的情况，学校准备抽取一部分学生进行调查。你认为应该怎样抽样才能反映全校学生的情况呢？

知识链接

一、抽样的概念

商品抽样也称取样、采样、拣样，是指从被检验的商品中按照一定的方法采集样品的过程。抽样检验是按照事先规定的抽样方案，从被检批中抽取少量样品，组成样本，再对样品逐一进行测试，将测试结果与标准或合同进行比较，最后由样本质量状况统计推断受检商品整体质量合格与否。

抽样检验的商品数量少，省时、省力，比较经济划算。检查人员能集中精力仔细检查，便于发现问题。生产方或卖方必须保证自己的产品质量，否则会出现整批商品拒收的情况，使生产方或卖方造成经济损失。

抽样检验适用于破坏性测试，通过少数商品的破坏检查，正确判断整批商品的质量。抽样检查中，搬运损失少，可促进商品的生产部门和检查部门的组织管理工作，能及时发现问题，采取措施加以改进，起某种预防检查的作用。它检验的商品数量相对较少，节省检验费用，因此抽样检验适用于批量较大、价值较低、质量特性较多、质量较稳定或具有破坏性的商品检验。但由于是进行抽样，有时会将优质批误判为不合格批，或将劣质批误判为合格批，因而存在接受“劣质”批和拒收“优质批”的风险；由于抽样样本较少，所以反映整批产品质量状况的信息一般不如100%检验那样多，有时会存在片面性。

二、抽样的原则

商品抽样原则如图4-3所示。

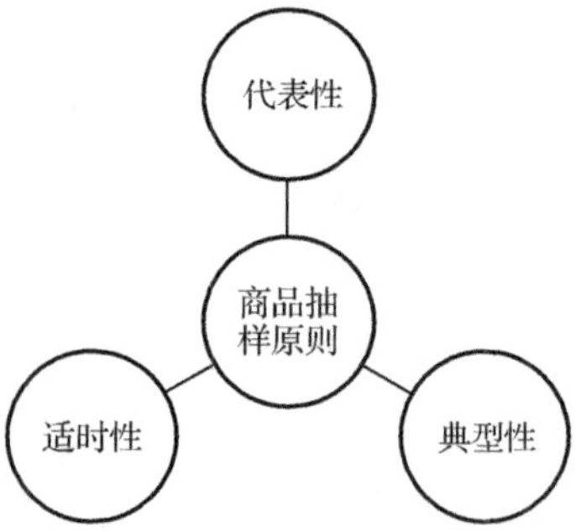

图4-3　商品抽样原则

1. 代表性原则

要求被抽取的一部分商品必须具备整批商品的共同特征，以使鉴定结果能成为决定整批商品质量的主要依据。

2. 典型性原则

被抽取的样品能反映整批商品在某些（个）方面的重要特征，能发现某种情况对商品质量造成的重大影响，如食品的变质、污染、掺杂及假冒劣质商品的鉴别。

3. 适时性原则

针对组分、含量、性能、质量等会随时间或容易随时间的推移而发生变化的商品要求及时适时抽样并进行鉴定，如新鲜果菜中各类维生素含量的鉴定，以及各类农副产品中农药或杀虫剂残留量的鉴定等。

三、抽样的方法

抽样的目的在于通过尽可能少的样本所反映出的质量状况来统计推断整批商品的质量水平。如何抽取对该批商品具有代表性的样品，对准确评定整批商品的平均质量十分重要。目前，抽样方法中普遍采取随机抽样的方法。所谓随机抽样，即群体中每一个个体都有同样被抽取的概率。具体方法主要有如图 4-4 所示的三种。

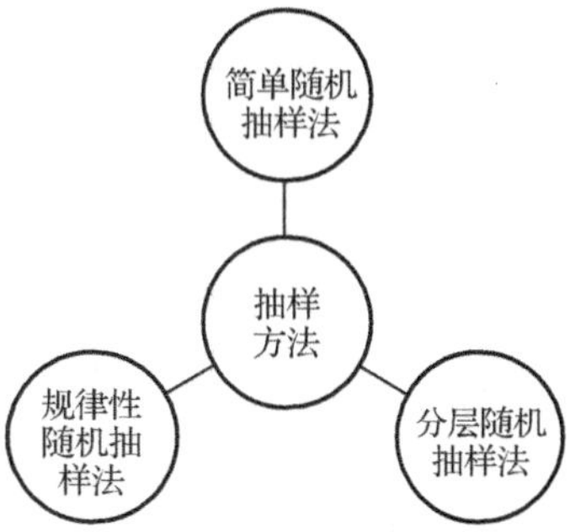

图 4-4　商品抽样方法

1. 简单随机抽样法

该法又称单纯随机抽样法，它是指对整批同类商品不经过任何分组、划类、排序，直接从中按照随机原则抽取检验样品。简单随机抽样法通常用于批量不大的商品的抽样，通常是将整批中各单位商品编号，利用抽签或随机数表抽样。从理论上讲，简单随机抽样法最符合随机的原则，可避免检验员的主观意识的影响，是最基本的抽样方法，是其他复杂的随机抽样方法的基础。当批量较大时，则无法使用这种方法。

2. 分层随机抽样法

该法又称分组随机抽样法、分类随机抽样法。它是将整批同类商品按主要标志分成若干组，然后从每组中随机抽取若干样品，最后将各组抽取的样品放在一起作为整批商品的检验样品的抽样方法。分层随机抽样法适用于批量较大的商品检验，尤其是在不同批次商品质量可能波动较大时，如不同设备、不同时间、不同生产者生产的商品组成的被检批次。它抽取的样本有很好的代表性，是目前使用最多、最广的一种抽样方法。

3. 规律性随机抽样法

该法又称等距随机抽样法。它是先将整批同类商品按顺序编号，并随机确定某一个数为抽样的基准号码，然后按已确定的“距离”机械地抽取样品的方法。例如，按 2、12、22 的顺序抽取样品。这种抽样方法抽样分布均匀，比简单随机抽样法更为精确，适用于较小批量商品的抽样，但当被检商品质量问题呈周期性变化时，易产生较大偏差。

小案例

假设质监局要考察某公司生产的 250g 的袋装牛奶的质量是否达标，现要从 300 袋牛奶中抽出 30 袋进行检测，应该采用哪种方法进行抽样呢？

第三节　商品检验的基本方法

情景导入

西瓜味道甘甜多汁，清爽解渴，是盛夏的佳果，既能祛暑热烦渴，又有很好的利尿作用，因此有“天然的白虎汤”之称。西瓜除不含脂肪和胆固醇外，几乎含有人体所需的各种营养成分，是一种富有营养、纯净、食用安全的食品。如何才能挑选到一个熟透可口的西瓜呢？主要用到哪些检验方法呢？

知识链接

一、感官检验法

感官检验法，是根据人的感觉器官对商品的各种质量特征的“感觉”，如味觉、嗅觉、视觉、听觉、触觉等，用语言、文字、符号或数据进行记录，再运用概率统计原理进行统计分析，从而得出结论，对食品的色、香、味、形、质地、口感等各项指标做出评价的方法。

（1）感官检验法的特点：

➢ 方法简单，快速易行。

➢ 不需要专用仪器、设备和场所，不受条件限制。

➢ 一般不损坏商品，成本较低。

（2）感官检验法的局限性：

➢ 不能检验商品的内在质量，如成分、结构和性质等。

➢ 检验结果不精确，是一种定性的方法，结果只能用专业术语或记分法表示商品质量的高低。

➢ 检验的结果易带有主观片面性，常受检验人员技术水平、工作经验以及客观环境等因素的影响。

食品原料的检验经常要用到感官检验法，如表4-3所示。

表4-3　用感官检验法对食品原料进行检验

检验方法	检验内容	判断原料的品质	实　例
视觉检验	原料的形态、色泽、清洁程度	判断原料的新鲜程度、成熟度及是否有不良改变	新鲜的蔬菜茎叶挺直、脆嫩、饱满、表皮光滑、形状整齐，不新鲜的蔬菜干缩萎蔫、脱水变老
嗅觉检验	鉴别原料的气味	判断原料的腐败变质	核桃仁变质后产生哈喇味，西瓜变质带有馊味

续表

检验方法	检验内容	判断原料的品质	实　例
味觉检验	检验原料的滋味	判断原料品质的好坏，尤其是对调味品和水果	新鲜柑橘柔嫩多汁，口味酸甜可口，受冻变质的柑橘绵软浮水，口味苦涩
听觉检验	鉴别原料的振动声音	判断原料内部结构的改变及品质	根据手摇鸡蛋的声音，确定鸡蛋的品质好坏；检验西瓜的成熟度
触觉检验	检验原料的重量、弹性、硬度	判断原料的质量	根据鱼体肌肉的硬度和弹性可以判断鱼是否新鲜

小知识

如何选购优质西瓜

（1）看：熟瓜表面光滑，瓜纹黑绿，瓜体匀称，花蒂小而向内凹，瓜柄呈绿色、没有干枯的现象。

（2）摸：手摸瓜皮，感觉滑而硬的为好瓜，发黏或发软的为次瓜。

（3）敲：用手托住西瓜，用食指和中指弹敲。熟瓜会发出“嘭嘭嘭”的闷声，生瓜会发出“当当当”的清脆声，如发出“噗噗”声则为过熟的瓜。

二、理化检验法

理化检验法是借助各种仪器设备或化学试剂来测定和分析商品质量的方法。理化检验法往往在实验室或专门场所进行，故也称实验室检验法，主要用于检验商品的成分、结构、物理性质、化学性质、安全性、卫生性以及对环境的污染和破坏等。理化检验法的优点与缺点如表 4-4 所示。

表 4-4　理化检验法的优点与缺点

优　点	缺　点
1. 检验结果精确，可用数字表示 2. 检验结果客观，不受检验人员的主观意志影响，使对商品质量评价具有客观且科学的依据 3. 能深入地分析商品成分、内部结构和性质，反映商品的内在质量	1. 需要一定的仪器设备和场所，成本较高，要求条件严格 2. 往往需要破坏一定数量的商品，消耗一定数量的试剂，费用较大 3. 检验需要的时间较长 4. 要求检验人员具备扎实的基础理论知识和熟练的操作技能

三、生物学检验法

生物学检验法是指通过仪器、试剂和动物来测定食品、药品和一些日用工业品及包装对危害人体健康安全等性能的检验，主要用于检验食品的可消化率、发热量、维生素和矿物质对肌体的作用，以及食品和商品中某些成分的毒性等。生理学检验法在鉴定新食物资源、食品添加剂、药剂的安全性毒理学评价等方面具有重要作用。该法多用活体动物进行试验，对人体试验必须经过无毒害性试验后，根据需要并经有关部门批准方能实行。

生物学检验法还可用来检测粮食发芽情况、酶的活性，商品中害虫感染的情况，食品中的有毒成分及毒性高低等。

检验商品品质需采用的检验方法因商品品类不同而不同，有的商品采用感官检验法即可评定商品质量（如茶叶）；有的商品既需要采用感官检验法，也需要采用理化检验法（如搪瓷）；有的商品需以理化检验的结论作为评定商品质量的依据（如钢材）。要使商品检验的结果准确无误、符合商品质量的实际、经得起复验，就要不断提高检验的技术和经验，采用新的检验方法和新的检测仪器。

小实践

通过网上学习，查阅相关书籍和资料，观看视频了解各类型的茶叶及茶汤的检验方法以及它们质量状况和标准，对几份茶叶样本进行检验，看其是否符合相关质量标准。

茶叶种类	外形	茶汤	香气	叶底	是否符合
绿茶					
红茶					
黑茶					

第四节　商品的品级

情景导入

茶叶按色、香、味、外形等感官指标可分为不同级别，例如国家标准对洞庭碧螺春茶按产品质量分为特一级、特二级、一级、二级、三级五个等级，每种级别的茶叶特征如表4-5所示。

表4-5　洞庭碧螺春茶各级茶叶特征

级别	外形				内质			
	条索	色泽	整碎	净度	香气	滋味	汤色	叶底
特一级	纤细、卷曲呈螺、满身披毫	银绿隐翠、鲜润	匀整	洁净	嫩香清鲜	清鲜甘醇	嫩绿鲜亮	幼嫩多芽、嫩绿鲜活
特二级	纤细、卷曲呈螺、满身披毫	银绿隐翠、较鲜润	匀整	洁净	嫩香清鲜	清鲜甘醇	嫩绿鲜亮	幼嫩多芽、嫩绿鲜活
一级	尚纤细、卷曲呈螺、白毫披覆	银绿隐翠	匀整	匀净	嫩爽清香	鲜醇	绿明亮	嫩、绿明亮
二级	紧细、卷曲呈螺、白毫显露	绿润	匀、尚整	匀、尚净	清香	鲜醇	绿、尚明亮	嫩、略含单张、绿明亮
三级	尚紧细、尚卷曲呈螺、尚显白毫	尚绿润	尚匀整	尚净、有单张	纯正	醇厚	绿、尚明亮	尚嫩、含单张、绿尚亮

知识链接

一、商品分级

根据商品标准规定的质量指标，按一定的标志，将同类商品分为若干个等级的工作称为商品分级。商品种类不同，分级标准也不一样。

国家标准 GB/T 12707—91《工业品质量分级导则》规定了我国境内生产和销售的工业产品质量等级划分和评定原则。它将工业产品实物质量原则上按照国际先进水平、国际一般水平、国内一般水平三个档次，相应地划分为优等品、一级品、合格品三个等级。优等品是指商品的质量标准必须达到国际先进水平，且实物质量水平与国外同类产品相比达到近 5 年的先进水平；一等品质量标准必须达到国际一般水平，且实物质量水平达到国际同类产品的一般水平；合格品指按照我国一般水平标准组织生产，实物质量水平必须达到相应标准的要求。

商品分级常用等级的顺序表示，通常用几等、几级或者甲、乙、丙来表示。等级顺序的高低具体表示了商品质量的优劣。对各种商品每一级的具体要求以及确定商品分级的方法，通常在标准中都有规定，凡不符合最低一级要求的商品称为等外品。

小知识

按照加工精度，大米分为以下等级：
特等大米：背沟有皮，粒面米皮基本去净的占 85%以上。
标准一等大米：背沟有皮，粒面留皮不超过 1/5 的占 80%以上。
标准二等大米：背沟有皮，粒面留皮不超过 1/3 的占 75%以上。
标准三等大米：背沟有皮，粒面留皮不超过 1/2 的占 70%以上。
目前，我国粮油市场销售的食用大米，主要是标准一等米和特等米。

二、商品分级方法

商品分级是以商品标准规定的质量指标为准绳，以商品检验的结果为依据，通过对商品外观质量和内在质量指标的检验，确定商品的等级。

商品分级的方法有很多，主要可归纳为百分记分法、限定记分法和限定缺陷法三类。

1. 百分记分法

百分记分法是将商品各项质量指标规定为一定分数，其中重要的质量指标所占分数较高，次要质量指标所占分数较低。各项质量指标完全符合标准规定的要求，其各项质量指标分数总和为 100 分。如果某一项或几项指标达不到标准规定的要求，则相应扣分，其分数总和就要降低。分数总和达不到一定等级的分数线，则相应降低等级。这种方法在食品、部分日用工业品商品评级中被广泛采用。

小案例

白酒品评打分实行的是百分制，即色 10 分，香 25 分，味 50 分，格 15 分。根据最终得分情况得出酒的等级，一般来说，低档酒：80～84 分；中档酒：85～89 分；省优：90～92 分；国优：91～93 分；国名：93～96 分。

2. 限定记分法

限定记分法是以商品的每种疵点规定为一定的分数，由疵点总分来确定商品的等级，疵点越多，总分越高，商品等级就越低。限定记分法在标准分数上只规定最高值，一般用于工业品、纺织品商品分级。

如棉布的外观质量，按疵点对布面影响程度确定各项疵点分数，分数总和不大于10为一等品，不大于20为二等品，不大于35为三等品，超过40为等外品。

3. 限定缺陷法

限定缺陷法在标准中规定商品每个等级所限定的质量缺陷的种类、数量以及不允许有的质量缺陷。这种方法不记分，只规定每个等级允许出现或不允许出现的缺陷种类和数量，对照商品质量标准进行鉴定。此法多用于工业品商品的评级，特别是玻璃、搪瓷、陶瓷和纸张等文化用品的等级划分。

如全胶鞋，可能产生质量缺陷的外观指标有13项，其中鞋面起皱或麻点这个缺陷，一级品限定“稍有”，二级品限定“有”；鞋面砂眼这个缺陷，一级品限定“无”，二级品限定其砂眼直径不得超过1.5mm、深度不得超过鞋面厚度，而且低筒鞋限两处、高筒鞋限四处，要集中于鞋下部，弯曲处不许有，还有其他缺陷限制。此外，在13项指标中，如果一级品超过4项不符合要求者，降为二级品，二级品超过6项不符合要求者，则降为不合格品。

知识拓展

真假蜂蜜鉴别

蜂蜜是蜜蜂从植物花中采得的花蜜在蜂巢中酿制而成的。生活中，各种蜂蜜十分常见。你知道用什么方法鉴别蜂蜜的真假吗？

1. 闻：开瓶后，新鲜蜂蜜有明显的花香，陈蜜香味较淡。加香精制成的假蜜的气味令人不适，单花蜜具有其蜜源本身的香味。

2. 尝：将蜂蜜置于舌上以舌抵上颚，缓缓入喉会感到微甜而稍有酸味，口感细腻，喉感略有麻辣，余味悠长；而掺假后的蜂蜜有糖水味、较浓的酸味或咸味等。

3. 挑：用筷子或手指挑起蜂蜜能拉丝者为佳，无拉丝现象说明含水量高；也可滴一滴蜂蜜在草纸上，水迹易扩散者说明含水高，纯净蜂蜜呈珠球状，不扩散。

4. 看：纯正的蜂蜜光泽透明，仅有少量花粉渣沫悬浮其中，而无其他过大的杂质，虽然蜂蜜的色泽因蜜源植物的不同，颜色深浅有所不同，但同一瓶中的蜂蜜应色泽均一。

5. 溶：将蜂蜜溶解在水里搅拌均匀，静置，若蜂蜜中有杂质则会上浮或下沉，但因为蜂蜜是一种天然产品，少量杂质并不影响蜂蜜本身的质量。

6. 倒：优质蜂蜜由于含水量较低，很黏稠，如果把密封好的瓶子倒转过来，封在瓶口的空气上浮起来明显比较“费力”。

7. 烫：肉眼无法分辨时可以拿一根烧红的铁丝检验一下，如果是好的蜂蜜，铁丝插进去之后能看到清烟冒出来，闻到的还是瓜果花朵的香味。如果是掺了白糖的则会散发焦煳味。

8. 冷藏：蜂蜜在4～14℃环境下保存一段时间会结晶，对真蜂蜜的结晶体用筷子一扎一个眼，很柔软，若是假蜂蜜则扎不动；用手捏结晶体，真蜂蜜很快溶化，假蜂蜜溶化慢或不溶化；对真蜂蜜结晶体用牙咬如酥，而假蜂蜜结晶体如吃沙豆，清脆响亮。

讨论：上述案例中用了哪些检验方法？

练习与自测

一、判断题

1．商品检验中抽样是否随机非常重要，而抽取多少样品并不重要。（　　）

2．感官检验不允许使用简单的器具，如放大镜、尺子等进行辅助检验。（　　）

3．凡是出口商品，必须通过商检机构检验才能出口。（　　）

4．商品质量分级的方法很多，一般有百分法、限定记分法和限定缺陷法三种。（　　）

5．缺陷记分的分数综合越高，则商品的品级越高。（　　）

6．商品样本为被检验商品中抽取用于检验的单位商品的全体。（　　）

二、单项选择题

1．需要进行全数检验的商品是（　　）。

A．牛奶　　B．电缆　　C．电器漏电性　　D．服装

2．生产检验又称为（　　）。

A．第一方检验　　B．第二方检验　　C．第三方检验　　D．第四方检验

3．采用各种试剂、仪器和器械来鉴定商品质量的方法叫（　　）。

A．理化鉴定法　　B．生物鉴定法　　C．化学鉴定法　　D．仪器鉴定法

4．在评定香槟酒质量时，其色为 15 分、香为 20 分、味为 40 分、风格为 10 分、气为 15 分，这种评定品级的方法是（　　）。

A．百分记分法　　B．限定记分法　　C．限定缺陷法　　D．商品分级法

5．检验西瓜是否成熟，常用的检验法是（　　）。

A．嗅觉法　　B．味觉法　　C．听觉法　　D．光照法

6．先把一批同类商品划分为若干部分，再从每部分中随机抽取若干试样的抽样方法为（　　）。

A．多段随机抽样　　B．分层随机抽样　　C．系统随机抽样　　D．简单随机抽样

7．对检验变质发霉的商品用（　　）检验方法最有效。

A．视觉　　B．嗅觉　　C．味觉　　D．触觉

8．采用百分记分法对茶叶进行评级时，四种茶叶的分数如下，由此可见（　　）茶叶的等级最高。

A．95　　B．85　　C．75　　D．65

9．采用限定记分法对棉织布进行评级时，评得四种棉织布的分数如下，由此可见（　　）棉织布的等级最高。

A．61　　B．21　　C．11　　D．6

三、多项选择题

1．对感官检验方法描述正确的是（　　）。

A．又称感官分析、感官检查和感官评价

B．它利用人的感觉器官作为检验器具

C．这种方法灵活、方便、简单，但受个人因素的影响

D．这种方法比较准确，所以是常用的一种检验方法

2．依据检验的商品的数量，可将商品检验分类为（　　）。

A．全检　　B．抽检　　C．免检　　D．进出口检验

3．不属于安全检验内容的是（　　）。

A．挥发　　B．易爆　　C．漏电　　D．微生物

4．卫生检验的内容主要有（　　）。

A．食品　　B．药品　　C．化妆品　　D．食品包装材料

5．商品检验的方法主要有（　　）。

A．感官检验　　B．化学检验　　C．物理检验

D．微生物检　　E．视觉检验

四、简答题

1．商品检验的主要方法有哪些？各有什么特点？

2．什么叫商品分级？商品分级有哪些方法？

第五章　商 品 分 类

任务目标

- 了解商品分类的概念、原则和意义
- 掌握商品分类的标志、方法和主要商品条码的结构

第一节　商品分类概述

情景导入

华联超市经营的商品有上万种，假如你到华联超市购物，面对偌大的超市（见图 5-1），你如何迅速找到中意的产品？超市又是用什么办法告诉你洗发水的确切位置的？

图 5-1　超市图

知识链接

一、商品分类的概念

商品分类是指为了特定的目的或需要，根据商品的特征选择恰当的分类标志，将商品划分为不同的类别。

我国通常将商品划分成门类、大类、中类、小类、品类或细目，以及品种、花色、规格等。

门类是按国民经济行业共性对商品总的分门别类，属最高类别。我国商品分 23 个门类，如农林牧渔业产品、化工产品、金属制品等。

大类是按商品生产和流通中的行业来划分的。我国商品在门类的基础上分 88 个大类，如五金类、交电类、日用百货类、钟表类、针纺织品类、印刷品类等。

中类即商品种类，也称商品品类或品目，是若干具有共同性质或特征的商品总称，它包括若干商品品种，如针棉织品、塑料制品、橡胶制品等。

小类是根据商品的某些特点和性质进一步划分的。例如，针棉织品又可分为针织内衣类、针织外衣类、羊毛衫类等。商品的品种是按商品的性质、成分等特征来划分的，是指具体商品的名称，如西服、洗衣机、皮鞋、啤酒等。

商品的细目是对商品品种的详细区分，包括商品的花色、规格、品级等，如 180/112A 型男西服、23 号女式高跟皮鞋等。

商品分类的类目及应用实例如表 5-1 所示。

表 5-1　商品分类的类目及应用实例

商品类目名称	应用实例	
商品门类	消费品	消费品
商品大类	日用化工品	食品
商品中类	家用化工品	饮料
商品小类	洗涤用品	茶叶
商品品类	肥皂	绿茶
商品品种	香皂	烘青绿茶
商品细目	茉莉香型香皂	黄山毛尖

二、商品分类的作用

（1）商品分类是国民经济核算、统计的需要。只有将商品统一分类后，业务、计划、会计核算、统计工作等才能在统一的类目下进行。

（2）将商品进行科学的分类，有利于组织商品的生产和流通，是提高经济效益的重要手段。

（3）商品分类是合理编制商品目录和商品代码的基础，也是实现现代化管理和对外贸易发展的基础。

（4）商品分类能有秩序地安排市场供给，合理地布置商场，方便消费者进行商品选购。

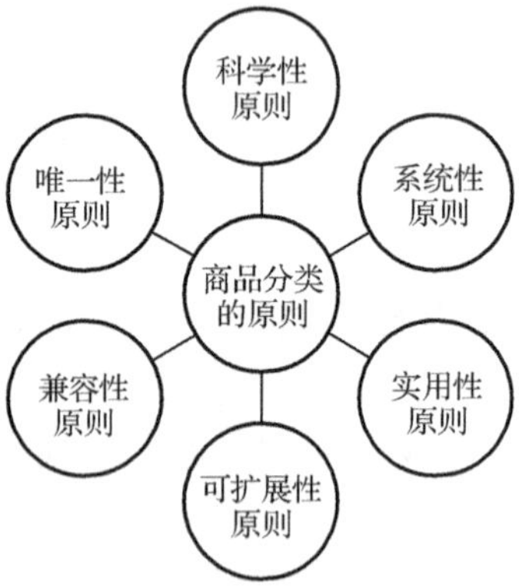

图 5-2　商品分类的原则

三、商品分类的原则

为了实现商品的科学分类，使商品分类能够满足特定的需要，分类时必须遵循一定的原则，如图 5-2 所示。

1. 科学性原则

科学性指商品在分类中所选择的标志必须能反映商品的本质特征并具有明显的区别功能和稳定性，以满足分类的客观要求，发挥分类的作用。科学性是分类的基本前提。

2. 系统性原则

商品分类的系统性是指以选定的商品属性或特征为依据，将商品总体按一定的排列顺序予以系统化，并形成一个合理的科学分类系统。商品总体分成若干门类后，门类分为若干大类，大类分为若干中类，中类分为若干小类，直至分为品种、规格、花色等。系统性是商品分类的关键。

3. 实用性原则

商品分类首先应满足国家总政策、总规划的要求，其次应充分满足生产、流通及消费的需要。因此，商品分类应尽最大努力结合各部门、各系统、各行业、各企业及消费者的实际，满足各方面的需要。实用性是检验商品分类的实践标准。

4. 可扩展性原则

可扩展性原则又称后备性原则，即进行商品分类要事先设置足够的收容类目，以保证新产品出现时不至于打乱已建立的分类体系和结构，同时为下级部门在本分类体系的基础上进行开拓细分创造条件。

5. 兼容性原则

商品分类要与国家政策和相关标准协调一致，还要与原有的商品分类保持连续性和可转换性，以便进行历史资料对比。

6. 唯一性原则

商品分类体系中的每一个分类层次只能对应一个分类标志，以免产生子项互不相容的逻辑混乱。

小知识

华联超市是这样进行商品分类的

为了对商品进行管理，既能适应陈列及顾客购买的需要，又能提高企业管理效率，这就需要超市对其经营的商品进行细致的分类编组。华联超市对所经营的商品分类编组如下。

第一大类：冷冻食品类。具体包括以下商品：冷冻家禽、冷冻肉类、冷冻水产品、速冻蔬菜、冷冻制品、熟肉制品、冷饮等。

第二大类：饮料食品类。具体包括以下商品：碳酸饮料、果汁、茶饮料、饮用水、纯奶、奶制品饮料、其他饮料、咖啡类、麦片、胶囊、片类、冲剂、酸奶、其他饮料补品。

第三大类：糖果糕点类。具体包括以下商品：奶糖、夹心糖、礼盒装糖果、巧克力、果冻、布丁、饼干、膨化食品、薯片、锅巴、微波食品、中式糕点、西式糕点、蛋糕、面包、汉堡、奶油、黄油、自产糕点等。

第四大类：炒货蜜饯类。具体包括以下商品：香瓜子、葵花籽、开心果、杏仁、豆子、果仁、松子、榛子、核桃、核桃仁、山楂、陈皮、果皮、梅、葡萄干、应子、芒果、水果干、蜜饯类糕饼等。

第五大类：调味品类。具体包括以下商品：盐、糖、酱油、火锅调料和底料、味精、鸡精、醋、糟醉料、炝料、蘸料、淀粉、汤羹料、色拉酱、花生酱、辣酱、麻油、辣油、蚝豉油、沙司、芥末、油等。

第六大类：烟酒茶类。具体包括以下商品：茶叶、白酒、黄酒、啤酒、米酒、葡萄酒、洋酒、果酒、补酒、其他烟酒茶类等。

小知识

第七大类：软包装食品。具体包括以下商品：肉干类、鱼干类、海苔类、油面筋、肉松、火腿肠、豆腐干、粽子、即食海带、海蜇、肫、其他软包装食品等。

第八大类：酱菜罐头类。具体包括以下商品：酱菜类、果酱、果泥、八宝粥、腐乳、肉制罐头、糟醉食品、猫狗粮、水果罐头、素制罐头、零称酱菜、其他罐头类等。

第九大类：南北货腌腊制品。具体包括以下商品：桂圆、枣类、枸杞、木耳、莲心、百合、虾皮类、鱼制品类、豆类、仁类、海蜇、海带、紫菜、其他南北货、散装南北货、咸蛋、皮蛋、腌腊制品、散装腌腊制品、其他腌腊制品。

第十大类：洗涤、化妆类。具体包括以下商品：洗衣粉、洗衣液、柔顺剂、专用衣物洗涤剂、洗洁精、消毒液、各种清洁剂、各种护理剂（蜡）、空气清新剂、防霉防蛀用品、蚊香及辅助用品、杀虫剂、各种洗发用品和护肤用品、护理卫生用品等。

四、商品分类的方法

建立商品分类体系的基本方法有两种：线分类法和面分类法。

1. *线分类法（层级分类法）*

定义：将拟分类的商品集合总体按选定的属性或特征作为划分基准或分类标志，逐次分成相应的若干个层级类目，并排列成一个有层次、逐级展开的分类体系的分类方法。

线分类法将分类对象一层一层地进行划分，各层级选用的分类标志可以不同，各个类目之间构成并列或隶属关系。线分类法的一般表现形式是4层，即大类、中类、小类、细类。

线分类法实例——纺织用纤维加工品的分类如表5-2所示。

表5-2　纺织用纤维加工品的分类

大　类	中　类	小　类	细　类
纺织用纤维加工品	天然纤维加工品	植物纤维类	细特棉纱、改性苎麻纱等加工品
		动物纤维类	羊毛毛纱、生丝等
	人造纤维加工品	人造纤维类	棉型粘胶纤维、毛型粘胶纤维等
		合成纤维类	涤纶短纤维、锦纶长丝等

特征：同层是并列关系，上下层是归属关系，分类层次清楚，信息容量大，适用于手工处理。

缺点：构架、补充新目录困难，结构弹性差，在进行商品分类目录编制时，要留有补充新商品的余地。

线分类法是商品分类中常用的分类方法。

2. 面分类法（平行分类法）

定义：将拟分类的商品集合总体根据其本身固有的属性或特征，分成相互之间没有隶属关系的面，每个面包含一组类目，将某个面中的一个类目与另一个面中的一个类目组合在一起，即组成一个复合类目的分类方法。

一般将面分类法作为线分类法的辅助或补充。用面分类法对商品进行分类，必须符合其结构特点的两条原则。

① 一个面的分类标志概念，在不同的面里不应该互相交叉，更不能含糊和重复，以保证标志概念的唯一性和独立性。

② 建立分类体系时，一个特定的面应该占有严格的固定位置。

例如，服装的分类采用面分类法，把服装用的面料、式样和款式分为三个彼此没有隶属关系的面，每个面又分成若干个类目，具体如表 5-3 所示。

表 5-3　服装的分类

服装面料	服装式样	服装款式
纯棉		中山装
纯毛		西装
丝绸	男式	夹克
中长纤维	女式	衬衫
涤棉	儿童	连衣裙
毛涤	婴儿	大衣
羊皮革		裤子
…		…

优点：结构弹性好，适用于计算机管理。

缺点：组配的结构太复杂，不便于手工处理，有些组合无实际意义（如男式连衣裙、丝绸大衣、婴儿西装等），不能充分利用容量。

第二节　商品分类标志

情景导入

茶叶可以分为绿茶、乌龙茶、红茶等，你知道这是按什么分类的吗？

绿茶：鲜叶→杀青（炒或蒸）→揉捻→干燥（炒干、烘干或晒干）→绿毛茶。

乌龙茶：晒青→摇青→凉青→初揉→初烂→包揉→复烘→烘干。

红茶：鲜叶→萎凋→揉捻→发酵→干燥。

知识链接

一、选择分类标志的原则

分类标志的选择应遵循一定的基本原则，如图 5-3 所示。

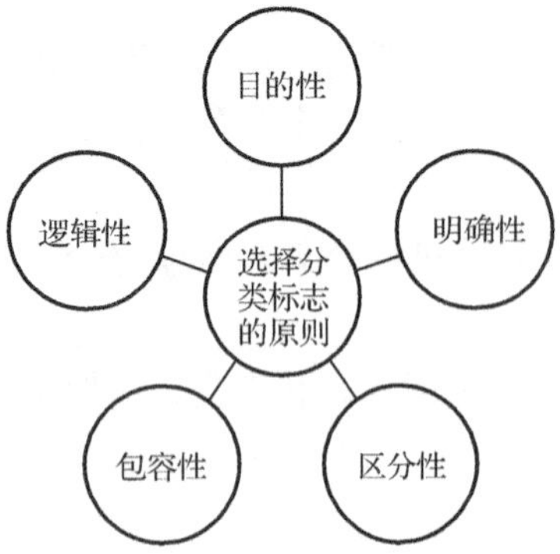

图 5-3　分类标志的原则

（一）目的性

分类标志的选择必须保证分类体系适宜于分类的目的和能满足分类的要求，否则便没有使用价值。

（二）明确性

分类标志本身的含义要明确，要从本质上反映出每类商品的属性特征，才能保证分类清楚。

（三）区分性

分类标志的选择必须保证每个商品只能出现在一个类别里，不得在分类中重复出现。同一层级范围内只能采用一种分类标志，不得同时采用几种分类标志。

（四）包容性

分类标志的选择要使该分类体系能够囊括分类的全部商品，并且有不断补充新商品的余地。

（五）逻辑性

分类标志的选择要使商品分类体系中的下一层级分类标志成为上一层级分类标志的合乎逻辑的继续和自然延伸。比如，汽油的分类，从“汽油”到“车用汽油”“航空汽油”这一层级，是选用商品的“用途”作为分类标志的，再从“车用汽油”到“某某号汽油”这一层级，选用的是商品的“规格”作为分类标志的，其实质是汽油的具体使用性能，是“用途”的自然延伸和合乎逻辑的继续。

二、商品分类的主要标志

商品分类标志的选择是商品分类的基础，是一项十分重要而细致的工作。商品分类可供选择的标志很多，最常采用的主要有 4 种，如图 5-4 所示。

（一）按商品的用途分类

商品的用途是体现商品使用价值的标志，同时还是探讨商品质量的重要依据，所以按商品的用途分类，在实际工作中应用最广泛。根据商品的基本用途，将商品分为生产资料与生活资料两大类，如图 5-5 所示；生活资料商品又按不同用途分为食品、衣着用品、家用电器、日用品等类别；在日用品中，可按用途分为鞋类、玩具类、洗涤用品、化妆品类等；在化妆品中，按用途还可分为皮肤用和毛发用化妆品；在此基础上还可以细分，如毛发用化妆品可以分为清洁类、护发养发类、染发剂等。

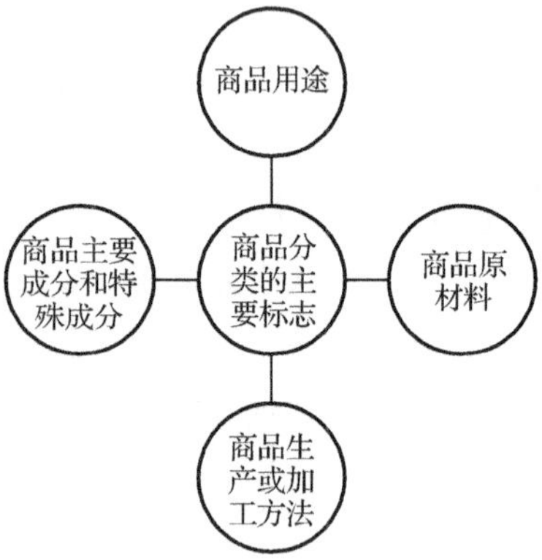

图 5-4　商品分类的主要标志

a—生产资料类商品

b—生活资料类商品

图 5-5　商品分类

小知识

采用以用途为标志的分类方法，便于对相同用途的商品质量进行分析比较；有利于消费者按用途选购商品；有利于商品生产者提高商品质量，开发商品新品种；有利于商业部门搞好商品的经营管理。但对于多用途的商品则不宜采用这种分类标志。

（二）按商品的原材料分类

原材料的种类和质量，在很大程度上决定商品的性能和质量。以原材料为标志的分类方法是商品的重要分类方法之一。例如，纺织品以原材料为标志分为棉织品、麻织品、丝织品、毛织品、化纤织品、混纺织品等；皮鞋以原材料为标志分为牛皮鞋、猪皮鞋、羊皮鞋等。

小知识

以原材料为分类标志，商品分类清楚，但对于由多种原材料构成的商品，不宜采用这种标志进行分类，如电冰箱、电视机、钟表等。

（三）按商品的生产加工方法分类

很多商品，虽然采用相同的原材料制造，但由于生产方法和加工工艺不同，所形成商品的质量水平、性能、特征等都有明显差异。

小知识

茶叶按生产加工方法不同可分为红茶（发酵茶，见图 5-6a）、绿茶（不发酵茶，见图 5-6b）、乌龙茶酵茶（半发酵茶，见图 5-6c）等。

a 一红茶

b— 绿茶

c—乌龙茶醇茶

图 5-6　茶的分类

（四）按商品的主要成分或特殊成分分类

商品的许多性能、质量、用途往往由商品的成分决定，其中尤为重要的是组成商品的主要成分或特殊成分。因此，这种分类标志可以通过商品的主要成分或特殊成分说明其主要性能和用途。

小知识

塑料制品可按其主要成分合成树脂的不同，分为聚乙烯塑料制品、聚氯乙烯塑料制品、聚苯乙烯塑料制品、聚丙烯塑料制品等，如图 5-7 所示。

a—聚乙烯塑料制品

b—聚氯乙烯塑料制品

图 5-7　塑料制品的分类

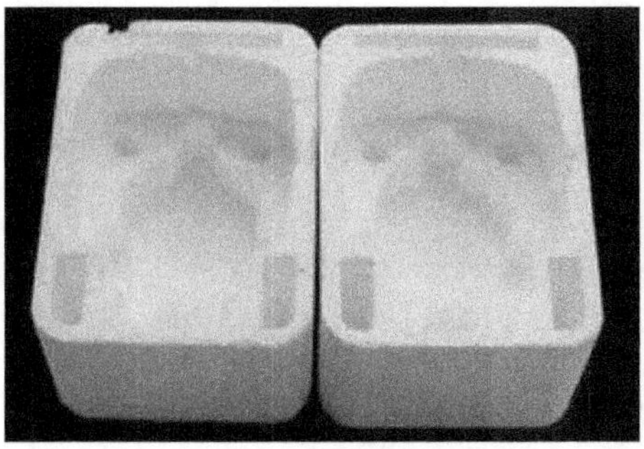

c—聚苯乙烯塑料制品

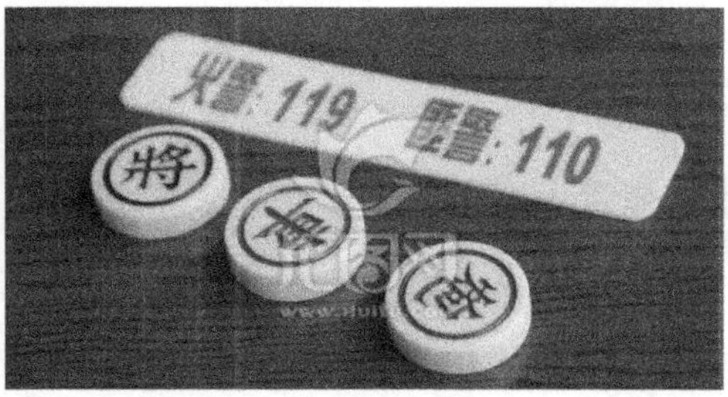

d—聚丙烯塑料制品

图 5-7　塑料制品的分类（续）

对化学成分复杂的商品或化学成分不明显的商品，则不宜以主要成分或特殊成分作为分类标志。

（五）以其他特征为分类标志

除上述分类标志外，商品的形状、结构、尺寸、颜色、重量、产地、产季等均可作为商品分类标志。这些分类标志更容易为消费者接受，其特点是概念清楚、形象直观、特征具体、通俗易记、便于区别。

练一练

请调查你所就读学校食堂的就餐秩序如何？该食堂饭菜出售窗口是依据什么设置的？在分类上有何优缺点？

____

____

____

第三节　商 品 编 码

情景导入

你见过如图 5-8 所示的这种标签吗？在哪里见过？是在什么情况下见到的？

图 5-8

知识链接

一、什么是商品编码

商品编码又称商品代码、商品代号、货号，是在商品分类的基础上，赋予某种或某类商品的代表符号，通常由具有一定规律的阿拉伯数字组成，如图5-9所示。

图5-9　商品编码

小知识

使用商品编码，是为了加强企业的经营管理，提高工作效率，便于计划、统计、物价管理及核算工作，简化业务手续；使用商品编码还便于记忆、清点商品，便于实现现代化管理；对于容易混淆的商品名称，使用商品代码可以避免差错。

二、商品编码的原则

商品分类和商品编码是分别进行的，商品分类在先，商品编码在后。商品的科学分类为合理编码提供前提条件，编码如果不科学则直接影响商品分类体系的使用价值。合理的商品编码要遵循一定的原则，如图5-10所示。

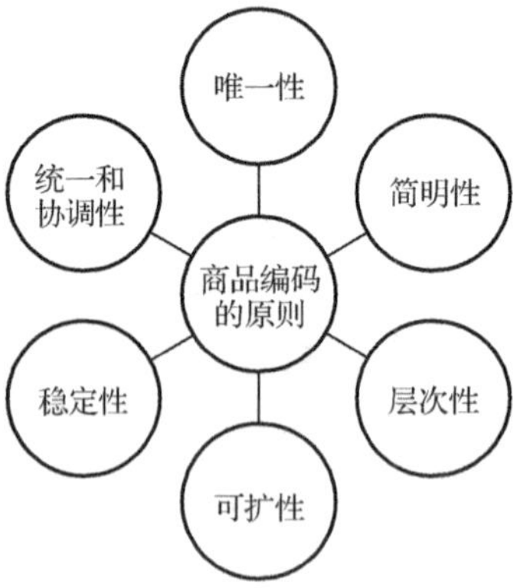

图5-10　商品编码的原则

1. 唯一性原则

商品编码的唯一性是指商品项目与其标识代码一一对应。也就是说，每一个编码对象（商品类目）只能有一个代码，一个代码只能标识同一个商品类目。

2. 简明性原则

商品编码的简明性是指尽可能使商品代码的长度最短，这样既便于手工处理，也减少差错，减少计算机的处理时间和存储空间。

3. 层次性原则

商品编码的层次性是指代码层次要清楚，能清晰地反映商品分类体系和分类目录内部固有的逻辑关系。

4. 可扩性原则

商品编码的可扩性是指在商品编码结构体系里要留有足够的备用码，以适应新类目增加的需要，使扩充新代码成为可能，从而使分类和编码可以进行必要的修订和补充。

5. 稳定性原则

商品编码的稳定性是指编码一旦确定下来后就不要变更，以免造成人力、物力和财力的浪费。

小知识

商品项目代码一旦确定下来，永不变更，即使该商品停止生产、停止供应了，一段时间内（有些国家规定为 3 年）也不得将该代码分配给其他商品项目。

6. 统一和协调性原则

商品编码的统一和协调性是指商品编码要同国家的商品分类编码标准相一致，与国际通用的商品分类编码制度相协调，以利于信息交流和信息共享。

三、商品编码的种类和方法

商品编码按其所用的符号类型可分为 4 种，如图 5-11 所示。在 4 种编码中最常用的是数字型代码和条形码。

（一）数字型代码

数字型代码是用一个或若干个阿拉伯数字表示分类对象（商品）的代码。其特点是：结构简单、使用方便、便于计算机处理，是目前最普遍采用的一种代码。编制商品数字型代码的方法有 4 种，如图 5-12 所示。

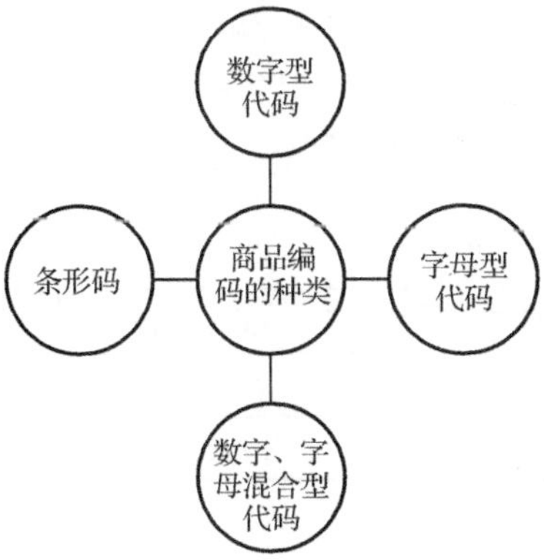

图 5-11　商品编码的种类

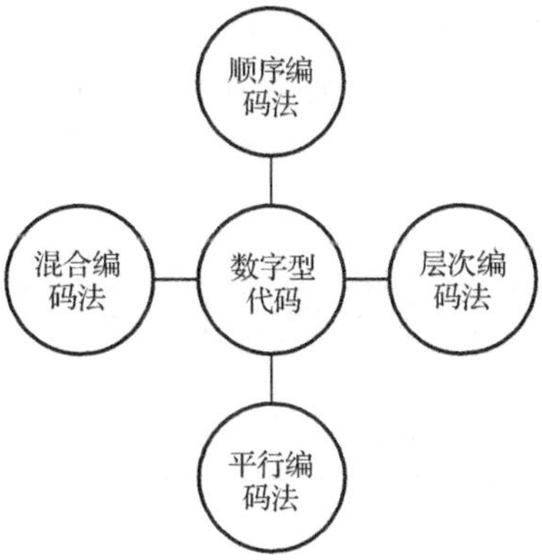

图 5-12　数字型代码

1. 顺序编码法

顺序编码法是按商品类目在商品分类体系中先后出现的顺序，依次给予顺序代码。通常为了满足信息处理的要求，多采用中长码，即每个代码所标志的数列长度（位数）完全一致。顺序编码法通常用于容量不大的商品编码对象集合体，编码时可以留有“空号”（储备码），以便随时增加类目。

2. 层次编码法

层次编码法是按照商品类目在分类体系中的层级顺序进行编码。这种方法常用于线分类（层级分类）体系。国家标准GB 7635—87《全国工农产品（商品、物资）分类与代码》就是采用层次编码法，整个编码结构分为4层，由8位数字代码组成，其中，第1、2位数字为第一层级（代表大类）；第3、4位数字为第二层级（代表中类）；第5、6位数字为第三层级（代表小类）；第7、8位数字为第四层级（代表品种），如图5-13所示。

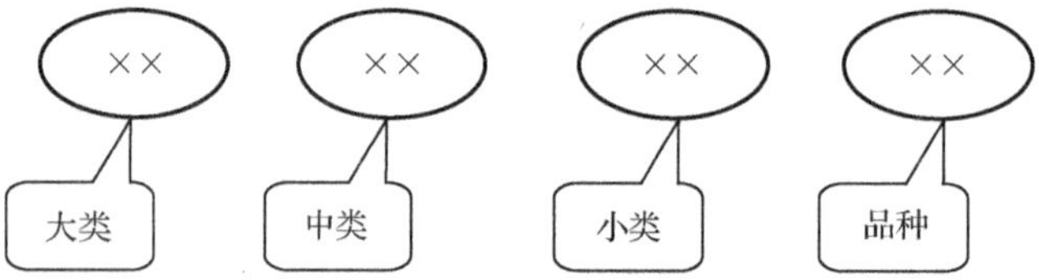

图5-13　层次编码法示意图

小知识

压缩式电冰箱的代码是78011001。其中，“78”代表家用电器大类，“01”代表家用制冷电器中类，“10”代表家用电冰箱小类，“01”代表压缩式电冰箱这个品种。

3. 平行编码法

平行编码法用于面分类体系，即每个分类面确定一定数量的码位，各代码之间是并列平行的关系（如服装可以用平行编码法进行编码，见表5-4）。平行编码法的优点是编码结构有较好的弹性，可以比较简单地增加分类面的数目，必要时还可以更换个别面，可以用全部代码，也可以用部分代码；缺点是代码过长，不便于计算机管理。

表5-4　服装的平行编码

服装面料	式样	款式	服装面料	式样	款式
全毛（A）	男士装（Ⅰ）	西装（1）	毛涤（C）	童装（Ⅲ）	连衣裙（3）
全棉（B）	淑女装（Ⅱ）	大衣（2）	丝麻（D）	婴儿装（Ⅳ）	衬衫（4）

4. 混合编码法

混合编码法是平行编码法和层次编码法的结合运用，代码的层次与类目的等级不完全相适应。通常把分类对象的各种属性或特征分列出来后，其某些属性或特征用层次编码法表示，其余的属性或特征则用平行编码法表示。这种编码方法结合了两者的优点，弃其缺点，效果往往较理想。

（二）字母型代码

字母型代码是用一个或若干个字母表示分类对象的代码。按字母顺序对商品进行分类编码时，通常用大写字母表示商品大类，小写字母表示其他类目。例如，A，B，C，…表示大类，a，b，c，…表示中类，α，β，γ，…表示小类等。字母型代码虽然便于人们识记，符合人们的使用习惯，但不便于计算机处理信息，并且当分类对象数目较多时，常常会出现重复现象，故使用率较低，只有在分类对象较少时才会使用。

（三）数字、字母混合型代码

数字、字母混合型代码是指采用数字和字母混合编排的商品代码。它兼有数字型和字母型编码的优点，结构严密，具有良好的直观性，又符合人们的使用习惯。但由于这种代码的组成形式复杂，给计算机输入带来不便，录入效率低，错码率高，故该种编码方法很少使用。

（四）条形码

条形码的研究始于 20 世纪中期，70 年代初，美国系统地研究了条形码技术及 POS 系统的运用问题，并在食品杂货业进行了条形码应用的尝试。

练一练

收集五辆汽车的车牌号码，分析汽车车牌号码是哪种类型的编码？

第四节　商品条形码

情景导入

假期，彭飞到香港去旅游，临近旅途结束时，他想购买一些当地的商品回来送给亲戚朋友们，可是彭飞不知道怎样辨别哪些商品一定是香港生产的。你有办法教彭飞进行辨别吗？

知识链接

一、商品条码的概念

商品条形码又称为商品条码或条码，是由一组规则排放的条、空（宽窄不同、黑白或彩色）及对应字符组成，表示一定的信息。条形码的条、空组合部分称为条形码符号，对应符号部分由一组阿拉伯数字组成，称为商品标识代码。条形码是一种国际通用的商品信息标识，是商业自动化管理和销售的基础，如图 5-14 所示。

条形码技术是随着计算机和信息技术的发展和应用而诞生的，它是集编码、印刷、识别、数据采集和处理于一身的新型技术。

二、条形码的优点

条形码是迄今为止最经济、实用的一种自动识别技术。条形码技术具有以下 5 个优点，如图 5-15 所示。

图 5-14　商品条形码

图 5-15　条形码技术的优点

1. 经济、易于制作

条形码既可以印在商品的外包装上，也可以使用专用条形码打印机或普通打印机与其他文字、图形同时打印，对材料和设备没有特殊要求，易于制作，设备价格又相对便宜。

2. 输入速度快、操作简单

与使用键盘输入相比，条形码输入的速度是键盘输入速度的 20 倍，而且条形码识别设备的结构简单，易操作，不需专门训练。

3. 可靠性高

使用键盘输入的出错率大概为 1/300，而条形码输入的误码率低于 0.0001%。

4. 灵活实用

条形码标识既可以作为一种识别手段单独使用，也可以和有关识别设备组成一个系统实现自动化识别，还可以和其他控制设备连接起来实现自动化管理。

5. 采集信息量大

利用传统的一维条形码（见图 5-16a）一次可采集几十位字符的信息，二维条形码（见图 5-16b）可以携带数千个字符的信息，且有一定的自动纠错能力。

a—一维条形码　　　　b—二维条形码

图 5-16　一维和二维条形码

练一练

用微信扫一扫伊利纯牛奶包装盒上的一维码和二维码，分别讲述其储存了什么信息？有何区别？简单列出二维码的优势？

三、条形码的作用

今天，条形码技术已被广泛应用于各行各业，主要有以下一些领域。

（1）商业自动化系统。商业是最早应用条形码技术的领域。在商业自动化系统中，商品条形码是关键。POS（Point of Sales）是一个商业销售点实时系统。该系统以条形码为手段，以计算机为中心，实现对商店的进、销、存的管理，快速反馈进、销、存各个环节的信息，为经营决策提供信息。

（2）条形码技术在仓储管理中的应用。立体仓库是现代工业生产中的一个重要组成部分，利用条形码技术，可以完成仓库货物的导向、定位、入格操作，提高识别速度，减少人为差错，从而提高仓库管理水平。

（3）条形码技术还广泛应用于交通管理、金融文件管理、商业文件管理、病历管理、血库血液管理以及各种分类技术方面。条形码技术作为数据标识和数据自动输入的一种手段已被人们广泛利用，渗透到计算机管理的各个领域。

四、条形码的种类和结构

（一）条形码的种类

条形码种类很多，常见的大概有 20 多种，以下列举几种常用的。

（1）EAN 码。EAN 码是国际物品编码协会制定的一种商品条形码，通用于全世界。EAN 码符号有标准版（EAN-13）和缩短版（EAN-8）两种，我国的通用商品条形码与其等效。人们日常购买的商品包装上所印的条形码一般是 EAN 码。EAN 码是当今世界上广为使用的商品条形码，已成为电子数据交换（EDI）的基础。

（2）UPC 码。UPC 码是美国统一代码委员会制定的一种商品条形码，主要用于美国和加拿大。

（3）39 码。39 码是一种可表示数字、字母等信息的条形码，主要用于工业、图书及票证的自动化管理，目前使用极为广泛。

（4）库德巴（Codebar）码。库德巴码也可表示数字和字母信息，主要用于医疗卫生、图书情报、物资等领域的自动识别。

除以上列举的一维条形码外，二维条形码也在迅速发展，并在许多领域得到了应用。

（二）商品条形码的结构

几种常用条形码的结构如下。

（一）EAN 条形码

EAN 条形码是国际商品条形码，是国际物品编码协会推出的一种国际通用商品条形码。EAN 码有两种版本——标准版和缩短版。标准版表示 13 位数字，又称 EAN-13 条形码；缩短版表示 8 位数字，又称 EAN-8 条形码。

国际物品编码协会规定；只有当 EAN 码标准版所占面积超过印刷面积的 25%时，才可使用缩短版。我国进一步规定：只有当包装表面或标签可印刷面积小于 40cm^2 时，才可申请使用缩短版。

1. EAN-13 条形码

该码由 13 位数字码及其对应的条形码符号组成，标准尺寸为 37.29mm×26.26mm，其中 13 位数字由四部分构成，分别是前缀码、制造厂商代码、商品代码、校验码。其结构如图 5-17 所示。

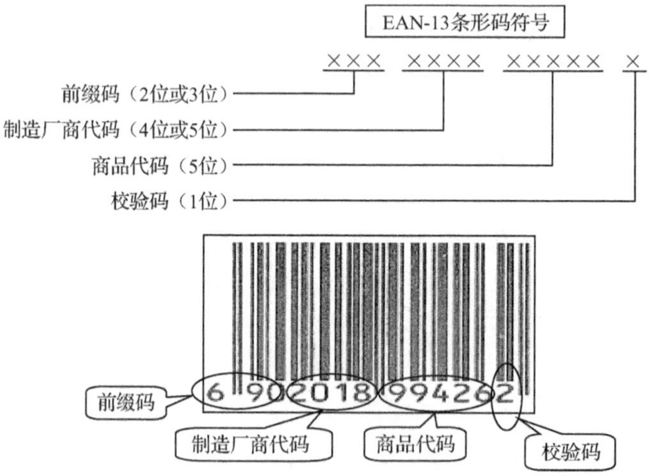

图 5-17 EAN-13 条形码的结构

前缀码：前缀码又称国别代码，由 2～3 位数字组成，欧共体国家为 2 位，其他国家为 3 位，表示商品来源的国家或地区，由国际物品编码委员会总部分配和管理，各成员国或地区获得的国别代码表如表 5-5 所示。目前，国际物品编码委员会分配给我国的前缀码为 471、489、

690-695。

表 5-5　EAN 成员国（地区）和代码

前　缀　码	编码组织所在国家和地区	前　缀　码	编码组织所在国家和地区
00～13	美国和加拿大	628	沙特阿拉伯
20～29	店内码	629	阿拉伯联合酋长国
30～37	法国	64	芬兰
380	保加利亚	690～695	中国（大陆）
383	斯洛文尼亚	70	挪威
385	克罗地亚	729	以色列
387	波黑	73	瑞典
40～44	德国	740	危地马拉
45、49	日本	741	萨尔瓦多
460～469	俄罗斯	742	洪都拉斯
470	吉尔吉斯斯坦	743	尼加拉瓜
471	中国台湾	744	哥斯达黎加
474	爱沙尼亚	745	巴拿马
475	拉脱维亚	746	多米尼加
476	阿塞拜疆	750	墨西哥
477	立陶宛	759	委内瑞拉
478	乌兹别克斯坦	76	瑞士
479	斯里兰卡	770	哥伦比亚
480	菲律宾	773	乌拉圭
481	白俄罗斯	775	秘鲁
482	乌克兰	777	玻利维亚
484	摩尔多瓦	779	阿根廷
485	亚美尼亚	780	智利
486	格鲁吉亚	784	巴拉圭
487	哈萨克斯坦	786	厄瓜多尔
489	中国香港特别行政区	789、790	巴西
50	英国	80～83	意大利

制造厂商代码：制造厂商代码又称企业代码，由 4～5 位数字组成，是 EAN 组织在 EAN 分配的前缀码的基础上，由该国或地区物品编码管理机构分配；我国的厂商代码由中国物品编码中心分配。

商品代码：商品代码由厂商自行编码，由 5 位数字组成，用于标识相同包装和价格的同一种商品。在编制商品代码时，厂商必须遵守商品编码的基本原则：对同一商品项目的商品必须编制相同的商品代码，对不同的商品项目必须编制不同的商品代码。保证商品项目与其标识代码一一对应，即一个商品项目只有一个代码，一个代码只标识一个商品项目。

例如，听装健力宝饮料的条码为 6901010101098，其中 690 代表我国 EAN 组织，1010 代表广东健力宝公司，10109 是听装饮料的商品代码。这种编码方式保证了无论在何时何地，6901010101098 唯一对应该种商品。

又如，EAN-13 码的数字码为 6902226189610，表示广州美晨股份有限公司在中国生产的国际香型黑妹牙膏；数字码为 6903388126024，表示中美合资广州高露洁有限公司在中国生产的冰凉薄荷型牙膏，6903388116025 则表示该公司生产的清新香型牙膏，而 6903388311000 表示该公司生产的双重功效牙膏。

校验码：校验码为最后一位数字，用于计算机自动校验整个代码录入是否正确，其数值是按国际物品编码委员会规定的方法计算出来的。现以 EAN-13 条形码“6902018994262”为例，介绍如下：

EAN-13 条形码各位为：

6	9	0	2	0	1	8	9	9	4	2	6	2
13	12	11	10	9	8	7	6	5	4	3	2	1

第一步，先确定代码的位置序号：把校验码的位置序号定为 1，然后从右往左依次确定。

第二步，从代码位置序号 2 开始，所有代码位置序号为偶数的数字代码求和，设为 A，6+4+9+1+2+9=31（A）。

第三步，将 A 乘以 3，结果设为 B，A×3=31×3=93（B）；

第四步，从代码位置序号 3 开始，所有的代码位置序号为奇数的代码求和设为 C，2+9+8+0+0+6=25（C）。

第五步，将 B 与 C 相加，结果设为 D，B+C=93+25=118（D）。

第六步，用 10 减 D 的个位数，所得的差为校验码；当 D 的个位为 0 时，校验码为 0。

2. EAN-8 条形码

EAN-8 条形码由 8 位数字及其对应的条形码符号组成，与 EAN-13 条形码相比，无制造厂商代码，为确保代码的唯一性，统一由国际物品编码委员会在各国或地区的分支机构分配和管理。EAN-8 条形码的结构如图 5-18 所示。

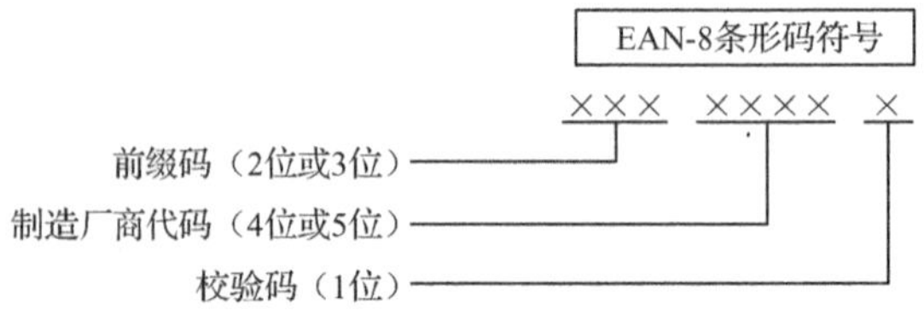

图 5-18　EAN-8 条形码的结构

（二）UPC 条形码

UPC 条形码即通用产品条形码，广泛应用于美国和加拿大商品流通领域。出口到美国、加拿大的各国商品，包装上必须印有 UPC 条形码。UPC 条形码有标准版（UPC-A）和缩短版（UPC-E）两种形式。

UPC-A 条形码由 12 位数字的条形码符号组成，其结构如图 5-19 所示。前缀码数字不同，表示的含义也不同。

（左起）前缀码（系统码）+制造厂商代码+商品代码+校验码

前缀码的含义：

“0”表示规则数量包装的商品；

“2”表示不规则数量包装的商品；

“3”表示医疗卫生用品；

“5”表示用信用卡销售的商品；

“7”表示中国申报的美国统一代码委员会会员专用；

“1、6、8、9”为备用码。

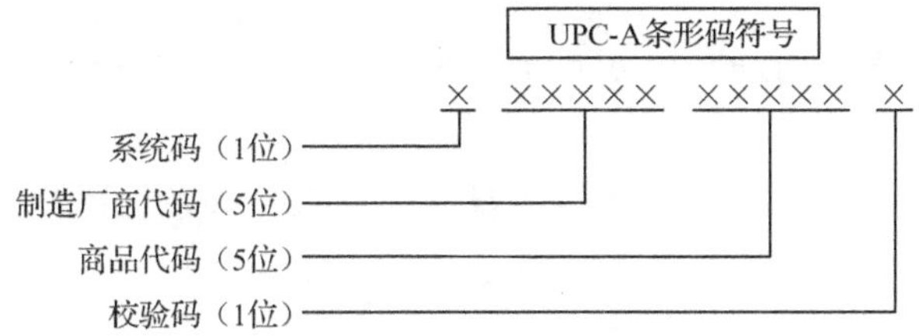

图 5-19　UPC-A 条形码的结构

UPC-E 条形码是缩短版的 UPC 条形码，由 8 位数字组成，其前缀码只能取“0”，也就是说，只有当美国统一代码委员会给企业分配的前缀码是“0”时才能使用 UPC-E 条形码，如图 5-20 所示。UPC-E 条形码用于商品销售包装，只有当商品的体积很小、很难印刷 UPC-A 条形码时才允许使用。

0 896000 7

图 5-20　UPC-E 条形码

知识拓展

二维条形码市场空间无限

二维条形码作为一种全新的条形码技术，已被广泛应用于国防、医疗保健、商业、金融、后勤管理等领域。由于二维条形码信息容量大，保密防伪性能好，并且成本低，适合我国国情，因此在我国有着十分广阔的应用前景。可以预见，二维条形码技术在我国的推广应用必将为我国信息产业的发展和现代化的经济建设带来可观的社会效益和经济效益。

目前二维条形码在西方发达国家已进入系统应用阶段，他们的应用领域、使用方法在很大程度上引导着国内二维条形码的发展方向。国内的一些行业或单位也已开始应用二维条形码。但与国外先进国家相比，我国在二维条形码应用方面还存在一定的差距。国外先进国家的应用经验已比较成熟，而目前在国内应用仍比较零散，没有形成明显的规模和趋势。但是，二维条形码在国内应用试点的成功已引起了众多用户群体的兴趣，再加上国外二维条形码应用方向的引导，目前，国内许多厂商与经销商开始致力于二维条形码的研究、设备开发与应用系统的推广应用、培育新的市场。

二维条形码相关设备的厂商和经销商们想要进入的领域范围很广，牵涉面很大，与人们的日常工作生活极为紧密，如铁路运输、身份证、家用电器和公共事业，几乎涉及每一个家庭和每一个人，这就预示着二维条形码将走入我们的生活、深入我们的生活。

这里值得一提的是，有的经销商提出今后开发的重点首先应当是医药和电子领域产品。

医药、电子产品体积小，空间不足以容纳传统的条形码。二维条形码密度高，借助二维条形码可实现对这些产品的自动识别。如某些电子芯片价格昂贵，必须加以跟踪。此外，在西方国家对强制性控制的药物使用二维条形码，在中国也是势在必行，因此上述技术会显得越来越重要。

为加快二维条形码在我国的研究及应用，中国物品编码中心与各地分支机构进行了许多二维条形码的应用试点工作。如在专利收费、邮政管理、财政管理、暂住人口管理、1999年两会及部队仓库管理上的应用等，都取得了很好的效果。如果把这些应用试点推广开来，那么，二维条形码应用的市场空间将是不可限量的。

◆讨论

（1）二维条形码市场空间无限的原因是什么？

（2）二维条形码与一维条形码相比较，其主要优势有哪些？

练习与自测

一、判断题

1．商品条形码中的第一位数字叫前缀码。（　　）

2. 只有当商品条形码印刷面积超过商品包装表面面积或者标签可印刷面积1/4（不含1/4）时，方可申请使用缩短版商品条形码。（　　）

3．聚乙烯以原材料为标志分为高压聚乙烯、低压聚乙烯。（　　）

4．商品编码就是商品条形码。（　　）

5．条形码是目前最经济实用的一种自动识别技术。（　　）

二、单项选择题

1．日本商品条形码的前缀码是（　　）。

A．471　　B．49　　C．880　　D．693

2．某商品条形码为“6901028149112”，则其制造商代码为（　　）。

A．690　　B．1028　　C．10281　　D．49112

3．缩短版商品条形码由（　　）位数字构成。

A．5　　B．8　　C．11　　D．13

4．多用途的商品不宜采用（　　）。

A．按商品生产方法分类　　B．按商品的原料分类

C．按商品用途分类　　D．按国家政策分类

5．对化学组成复杂、成分较多的商品不宜（　　）。

A．按国家政策分类　　B．按商品的原料分类

C．按商品用途分类　　D．按商品主要成分分类

三、多项选择题

1．世界上应用的商品条形码主要有（　　）。

A．ITF条形码　　B．GTIN条形码　　C．EAN条形码　　D．UPC条形码

2．中国物品编码协会分配给我国商品条形码的前缀码有（　　）。

A．690　　B．695　　C．692　　D．616

3．商品分类的原则有（　　）。

A．科学性原则　　B．兼容性原则

C．系统性原则　　D．实用性原则

4．选择商品分类的标志时应把握的特点有（　　）。

A．目的性　　B．明确性　　C．区分性　　D．包容性

5．茶叶按加工方法分为（　　）。

A．红茶　　B．乌龙茶　　C．菊花茶　　D．绿茶

6．商品分类的方法有（　　）。

A．线分类法　　B．面分类法　　C．大分类法　　D．中分类法

7．国际上通用的EAN-13条形码一般由（　　）组成。

A．前缀码　　B．制造厂商代码

C．商品代码　　D．校验码

8．条形码技术具有（　　）。

A．输入速度快　　B．可靠性高

C．采集信息量大　　D．经济、灵活实用

四、案例分析题

北京华联婴儿护理中心（宝宝屋）

北京华联超市在宝洁公司的推动和协助下建立了婴儿护理中心，也叫宝宝屋。

北京华联的婴儿产品原本分散在不同的品类中，如婴儿奶粉和成人奶粉放在一起，属奶制品品类；婴儿纸尿片和纸巾等放在一起，属纸制品品类。但调查发现，孕妇或抱着婴儿的妈妈要辛苦地走上1～2小时才能购齐所需妇婴物品，她们最希望花较短的时间一次性购齐所需物品。于是，新的品类——妇婴用品类——应运而生。1～2个月后，购物者便习惯性地步入宝宝屋购买妇婴用品了。宝宝屋的设立，使北京华联婴儿品类的生意增长了33%，利润增长了63%。

讨论分析：

北京华联婴儿护理中心品类管理与传统商品分类管理的最大区别是什么？

第六章　商 品 包 装

任务目标

- 了解商品包装的含义和包装策略
- 区分运输包装和销售包装，识别商品包装标志
- 了解商标的基础知识

第一节　商品包装概述

情景导入

我们所认识的包装是哪一部分？是一个箱子？一个瓶子？还是一个盒子（见图 6-1）？

图 6-1　各种类型的商品包装

知识链接

一、商品包装的概念

商品包装是指根据商品特性，使用适宜的包装材料或包装容器，将商品包装或盛装，保持商品完好状态，以达到保护商品、方便运输、促进销售的目的。

在我国《包装通用术语》国家标准中，对包装下了明确的定义："为在流通过程中保护产品，方便储运，促进销售，按一定的技术方法而采用的容器、材料及辅助物等的总名称。"也指"为了达到上述目的而采用容器材料及辅助物的过程中施加一定技术方法等的操作活动"。

商品包装包括两层含义（见图 6-2）：一是指为了使商品方便运输和储存，促进销售，便于使用，对商品实行包裹、存放的容器和辅助材料，通常称为包装材料或包装用品，如箱、纸、桶、盒、绳、钉等。二是指对商品进行包裹、存装、打包、装潢的整体操作过程，是包装商品的具体业务，如装箱、扎件、灌瓶等。产品经过包装所形成的总体称为包装体。包装体则是一般意义上包装的延伸。它包括包装产出、产品组合、分发包装产品、处理废物及回收利用，体现了与包装有关的许多部门之间的系统联系。

图 6-2　商品包装的两层含义

二、商品包装的功能

商品包装具有 5 方面的功能，如图 6-3 所示。

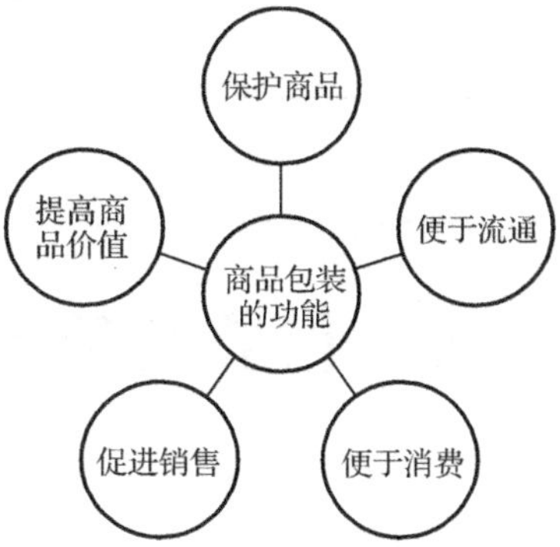

图 6-3　商品包装的功能

1. 保护商品质量安全和数量完整

商品在流通过程中经过搬运、装卸、运输、储藏等环节容易受到外界因素损害和影响，使商品破坏变形、渗漏和变质。适宜的商品包装能抵抗各种破坏因素，可防止商品遭到损害和影响，起到保护商品质量完好和足量的作用。

2. 便于商品流通

商品只有经过流通领域才能实现其消费。商品出厂后，购销双方要对商品进行计数、计量与清点、验收。包装完整的商品便于计数、计量、清点、验收。在流通过程中，商品需要经过搬运、堆码、运输、装卸、零售、批发等环节，包装合理，可加速商品流转，提高商品流通的经济效益。

3. 便于消费者购买

合理的商品包装，其绘图、商标和文字说明等既展示了商品的内在品质，方便消费者识别；又介绍了商品成分、性质、用途和使用方法，便于消费者购买、携带。

4. 美化商品，促进销售

包装是“无声的推销员”。好的包装本身就是很好的广告。精美的包装，可起到美化宣传商品的作用，提高市场竞争力。良好的包装，给商品“梳妆打扮”，给人以美的享受，能诱导和激发消费者购买动机和重复购买的兴趣，特别是在当今人们的物质生活和文化生活水平不断提高的情况下，包装与装潢更成为消费者购买商品时的重要因素。

5. 使商品使用价值和自身价值增值

新颖独特、精美合理的包装，是商品价值增值的重要手段。合理的包装增加了商品的自然寿命，因而使商品的使用价值增值，具有提高商品身价的功能。合理而精美的包装可增加企业的经济效益。

练一练

商品的销售包装除了具有保护商品的功能外，还起到了宣传、美化、推销商品的作用。请根据“包装是无声的推销员”这句话分析包装这位“无声的推销员”是如何推销商品，并为商品的销售提供方便的？

____

____

____

第二节　商品包装的种类和形式

情景导入

当你选购商品时，是否注意到了商品的包装形式？如图 6-4 所示，不同形式的包装目的是什么？为何不同的商品要选用不同的包装材料？

图 6-4　运输包装和销售包装

知识链接

商品包装种类繁多，根据习惯常用下列几种分类方法。

按包装形态不同分，有内包装、中包装和外包装；按运输方式不同分，有铁路货物包装、公路货物包装、船舶货物包装和航空货物包装等；按包装在流通中的功能分，有运输包装和销售包装；按包装的材料分，有木箱包装、纸袋包装、麻布袋包装、塑料包装、金属包装、玻璃与陶瓷包装和复合材料包装等；按包装商品分，有食品包装、药品包装、液体包装、粉粒包装、危险品包装等；按包装技术和方法分，有收缩包装、真空包装、充气包装、防潮包装、防锈包装和缓冲包装等。

下面重点介绍运输包装和销售包装。

一、运输包装

运输包装又称商品的大包装或外包装，主要是以方便运输、储存为目的的商品包装，具有保障商品安全、方便储运装卸、加速交接与点验等作用。运输包装的特点是容积大、结构坚固、标志清晰、搬运方便。合理的运输包装方法应做到在不影响质量的前提下，压缩商品体积，大型货物拆装，形状相似的商品套装，并加衬垫缓冲材料等。

商品的运输包装一般有散装、裸装和包装三种形式。散装是指不需要也不必要进行包装，而直接将商品装载在运输工具内的包装方式，如石油、煤炭、原盐等均可采用这种方式。裸装是指那些自然成件产品能抵抗外界作用，在储运过程中可以保持原状，不必包裹的包装方式，如钢板、原木等均可采用这一方式。包装是指需要外加包裹物，使商品形成包、箱、袋、桶或捆件等形状的包装方式。除了可采用散装和裸装的商品外，大多数商品都要经过包装方可运输。

常用运输包装主要形式如图 6-5 所示。

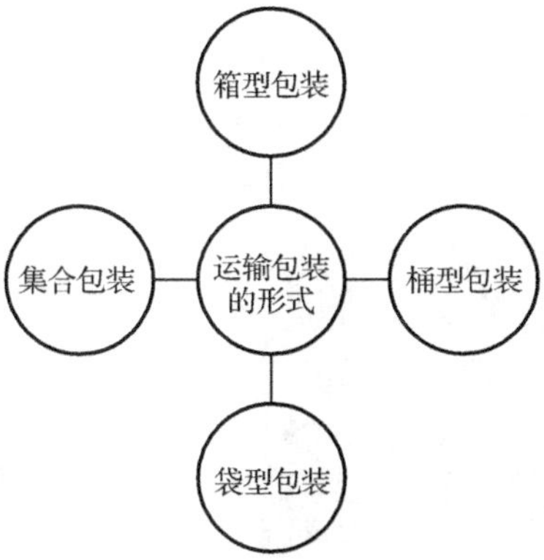

图 6-5　常用运输包装形式

1. 箱型包装

箱型包装主要有纸箱和木箱，如图 6-6 所示。

图 6-6　箱型包装

纸箱是用瓦楞纸制成的包装箱。纸箱的特点是质量轻，成本低，牢固，开启方便，防尘，便于捆扎、搬运，易于折叠平放，占地面积小，可回收复用。

木箱包装是用木板、胶合板或纤维板为原料制成的包装箱。木箱的优点是耐压，耐震，体积大，载重量大，可重复使用。缺点是成本高，重量大，笨重，不易开启，占地面积大。

2. 桶型包装

运输包装中的桶型包装（见图 6-7）有金属桶、木桶、纸桶、塑料桶及纸板合成桶等。

图 6-7　桶型包装

金属桶有铁桶、马口铁桶、铁塑桶等。金属桶具有坚固耐用、防渗漏、防腐蚀等优点。用于运输包装的木桶有胶合板桶、纤维板桶、松木桶等。它具有透湿、隔潮的功能。塑料桶主要用于盛装化工产品，特点是质轻，耐腐蚀，不易破碎。

3. 袋型包装

袋型包装（见图 6-8）主要有麻袋、布袋、纸袋、塑料袋等。它广泛应用于谷物、豆类、砂糖、化工原料、化学肥料以及粉状、颗粒状或块状商品的包装。

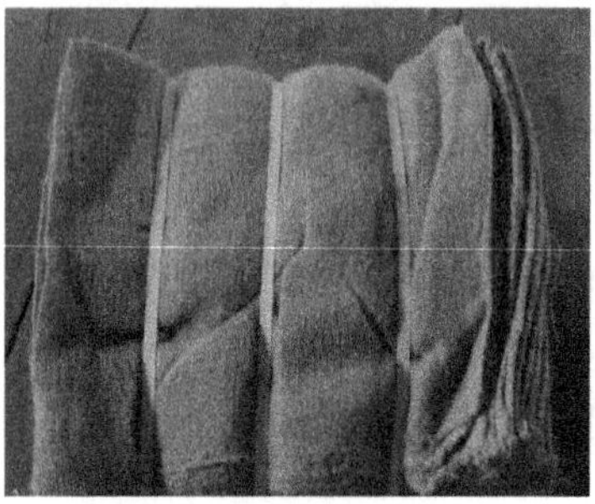

A—麻袋

B—布袋

C—纸袋

D—塑料袋

图 6-8　袋型包装

4. 集合包装

集合包装（见图 6-9）具有提高港口装卸效率、降低劳动强度、节省装运费用、保护商品、减少损耗和促进商品包装标准化等优点。它主要有集装袋、集装箱、托盘组合包装三种类型。

① 集装袋是指用塑料重叠丝编织成的包装袋。优点是质量轻，柔软，可折叠，体积小，装载量大。每袋可载 1～4t 的货物，并能重复使用。

② 集装箱是用钢材、铝合金板、纤维板等材料制作的集中装载大量货物的大型包装容器。

优点是安全、简便、迅速、节约，便于机械和自动化装卸。集装箱可载 5～40t 各类商品，常用于铁路、公路和海上远程运输。

③ 托盘组合包装是用木材、塑料、金属材料或玻璃纤维等制成的垫板，有平面式托盘、箱式托盘、立柱式托盘、滑片托盘等几种形式。有的可重复使用。优点是耐腐蚀，卫生性好，节省费用，减少商品损耗。载重量在 0.5～2t 之间。

a—集装袋　　b—集装箱　　c—托盘

图 6-9　集合包装

二、销售包装

销售包装又称小包装，是用于直接盛装商品并同商品一起出售给消费者的小型包装。

销售包装的特点是：能够保护商品、美化商品、宣传商品，便于商品陈列展销，便于消费者识别、选购、携带和使用，是增加商品附加价值的手段。

销售包装的类型很多，一般可按其主要功能来分，有使用方便的包装方式，有便于选购、携带和陈列展销的包装方式等。具体有收缩包装、贴体包装、速冻包装、保鲜包装、隔热包装、真空包装、充气包装、无菌包装、防虫包装、防潮包装、防震包装、防锈包装、喷雾包装、易拉瓶包装、按钮包装、可食包装、蒸煮包装、礼品包装、透明包装、开窗包装、携带式包装、可折叠包装、展开式包装、悬挂式包装、配套包装、组合包装等。

几种流行的销售包装款式如图 6-10 所示。

（1）悬挂式包装

悬挂式包装（见图 6-11）是当前最流行的包装方式之一，主要有：纸卡式，用于销售工具和厨房用品；泡罩式，多用于玩具、文教用品、工艺品及各式胸花等；贴体式，多用于日用品、打火机、小刀、办公用具等；袋装式，用于扳手、日常工具、旅行用具等。

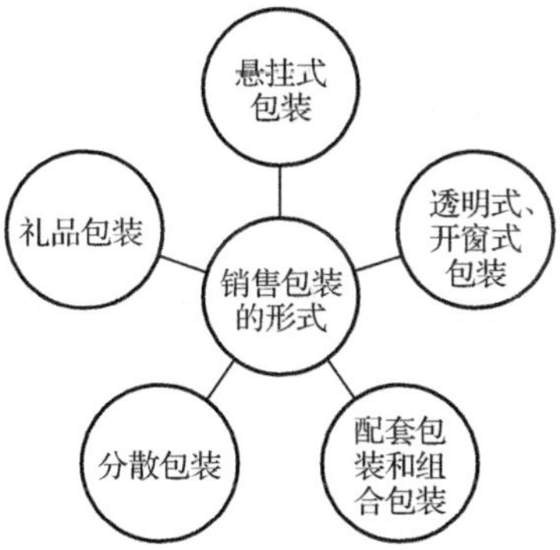

图 6-10　销售包装的款式

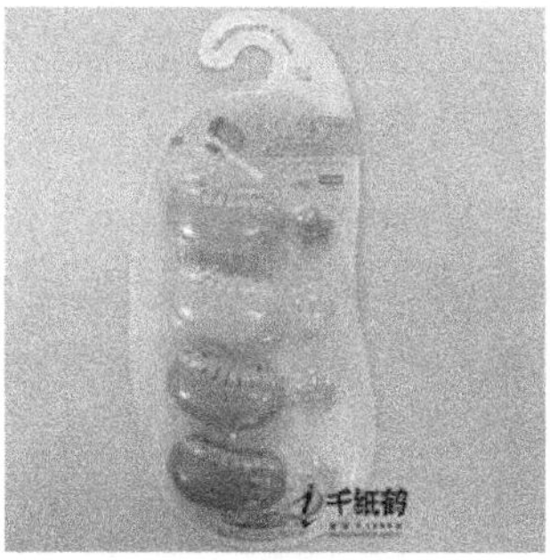

图 6-11　悬挂式包装

（2）透明式、开窗式包装

透明式、开窗式包装（见图 6-12）多用于高级服装、内衣、毛衣、工艺品等的包装。这类包装便于消费者观察，易引起消费者购买欲望、兴趣，盒面上配有精美图案，突出了商品的特点。

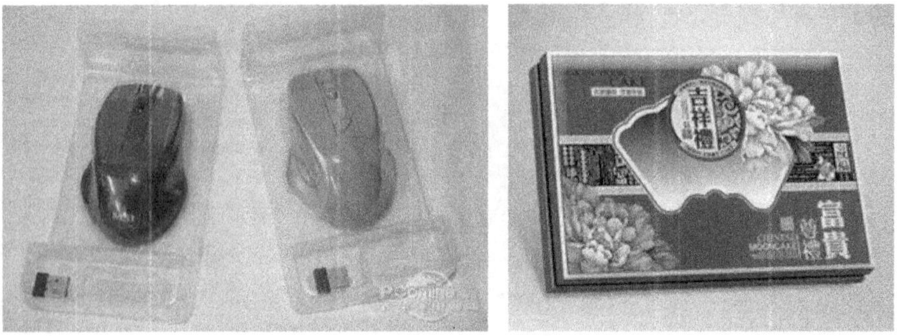

A—透明式包装　　B—开窗式包装

图 6-12　透明式、开窗式包装

（3）配套包装和组合包装

配套包装是将各种相互配合的商品包装在一起（见图 6-13），便于消费者购买和使用。成套化妆品、床上用品、文教用品等常用这种包装。组合包装是将几种不同品种的商品组合在一起，成组出售，如罐头、酒类、饮料、调味品、小食品、快餐面等。

A—配套包装　　B—组合包装

图 6-13　配套包装和组合包装

（4）分散包装

与配套包装相反，分散包装（见图 6-14）就是将原来的整件的商品分成小包装，主要用于食品、药品等的包装。

（5）礼品包装

礼品包装（见图 6-15）是用特制的装饰材料将商品包扎起来，使礼品显得精美、大方、典雅、高贵、不同寻常。礼品包装越来越受人们的青睐。

图 6-14　分散包装

图 6-15　礼品包装

第三节　商品包装策略

情景导入

当你选购商品时，你是否留意到货架上同个牌子的商品包装相似？如汰渍洗衣粉、洗洁精、肥皂等系列产品的包装（见图 6-16），企业为什么要采用这种包装策略呢？

图 6-16　类似包装策略

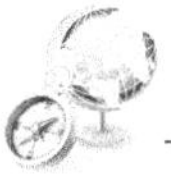

知识链接

常见的包装策略主要有 8 种，如图 6-17 所示。

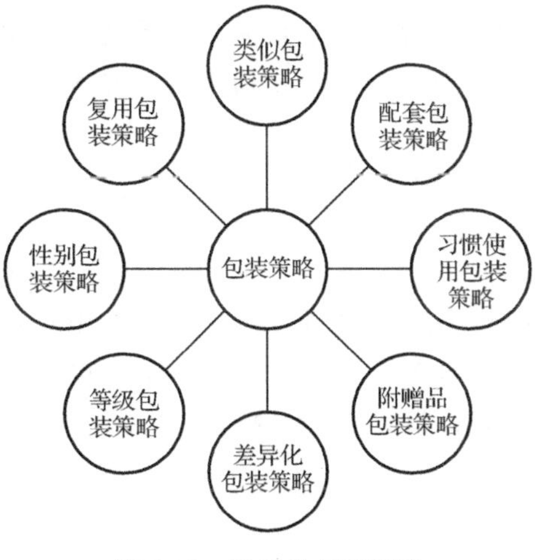

图 6-17　常见的包装策略

一、类似包装策略

类似包装策略指的是同一企业生产和经营的各种产品，都采用相同或相近的图案、色彩等共同特征以使消费者容易辨认。这种包装策略能有效地节约设计和印刷成本，同时树立鲜明的企业形象，有利于新产品的推出，但该种包装策略也有可能因个别产品质量下降而影响到其他产品的销售，因而它比较适用于相同或相近质量水平的不同产品，一旦质量水平相差悬殊则有可能使其中的某些产品蒙受损失。

二、配套包装策略

配套包装策略（见图6-18）也称系列包装策略，指的是企业根据消费者的消费习惯，将几种有关联的产品配套包装在一起并成套供应，便于消费者购买、使用、携带，同时还可降低包装成本，扩大产品销售。如果在配套产品中加上某种新产品，可以使消费者不知不觉地习惯使用新产品，有利于新产品上市和普及。

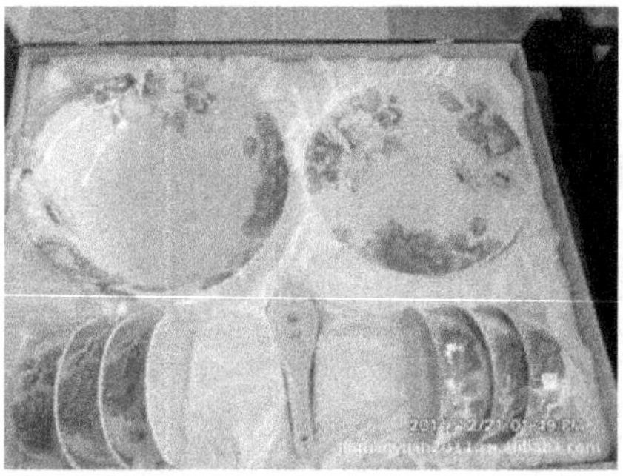

图6-18　配套包装策略

三、习惯使用包装策略

习惯使用包装策略指的是企业根据消费者的使用习惯来设计不同规格的包装。这样的包装既能给消费者带来方便，又可以起到促销的作用。

小知识

茶叶、咖啡等产品，为适应家庭消费的习惯常采用大号包装；为适应外出旅游、出差、户外野餐的需要而采用各种各样的小包装等。

四、复用包装策略

复用包装策略（见图6-19）指的是企业原包装的产品用完以后，包装可以回收再使用，这种包装策略能够大幅度降低包装费用，节约开支，加速和促进商品的周转，减少环境污染，也有利于激发消费者的购买兴趣，促进产品销售。

图 6-19　复用包装策略

五、附赠品包装策略

附赠品包装策略（见图 6-20）指的是企业通过向消费者赠送小包装的新产品或其他便宜的产品，来介绍某种产品的性能、特点和功效，以达到促进销售的目的。

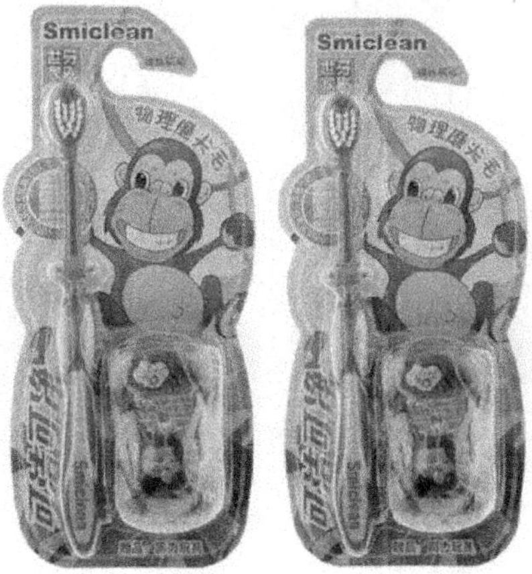

图 6-20　附赠品包装策略

> **小知识**
>
> 企业为了促进儿童商品的更好销售，通常在儿童商品包装内配备玩具或卡通卡片，刺激孩子们的购买欲望，使产品迅速打开市场，为企业赢得稳定的利润。

六、等级包装策略

等级包装策略指的是企业按照商品的质量、价值分成等级，不同等级采用不同的包装，同等级商品采用相同的包装，如图 6-21 所示。不同等级的包装具有不同特点，易于区分，消费者根据包装就可以选择商品，也可以适应和满足不同层次消费者的购买力和购买心理。

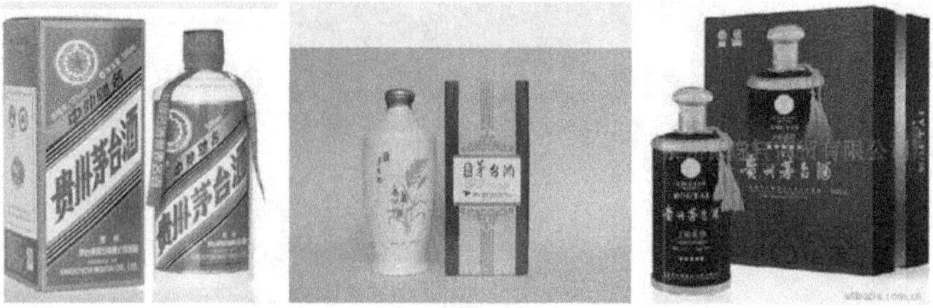

图6-21　等级包装策略

七、性别包装策略

性别包装策略（见图 6-22）指的是企业根据性别的不同而设计不同的包装。女性用品包装体现温馨、秀丽、新颖等风格，男性用品包装则追求刚正、质朴、潇洒等风格，目的在于满足不同性别消费者的需求。

图6-22　性别包装策略

小知识

万宝路香烟（见图6-23）在全世界任何一个国家都把自己包装成一个男子汉气概十足的品牌，同时用相同的人物形象（刚毅、阳光、豪放不羁、高大的牛仔等）来加以宣传，从而成为全球市场上个性鲜明、消费者十分熟悉和喜爱的国际性大品牌。

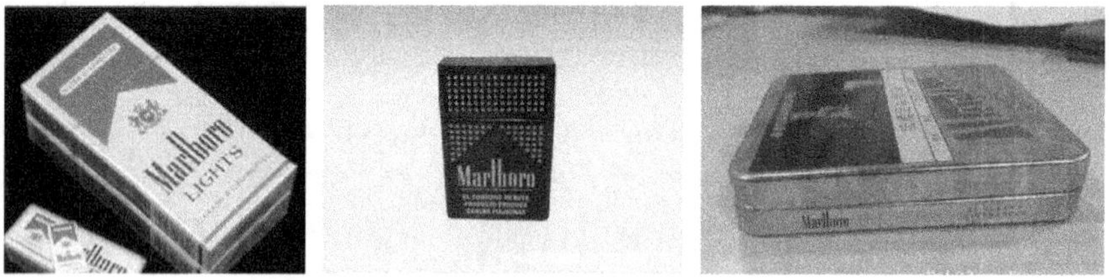

图6-23　各种各样的万宝路香烟包装

八、差异化包装策略

差异化包装策略（见图 6-24）指的是企业为了独占市场，利用包装差别定制出不同档次的产品，满足不同层次的消费。

图 6-24　差异化包装策略

练一练

“绿色包装”是指对生态环境和人体健康无害，能循环复用和再生利用，可促进持续发展的包装。请查找和搜集相关资料，讲述绿色包装的内涵、标志和手段分别是什么？

____

____

____

第四节　商品包装标志

情景导入

你曾经在哪里见过这个 

图形的？它表示什么意思？有什么作用？

知识链接

一、运输包装标志

运输包装标志是指用简单的文字或图形在运输包装外部印制的记号和说明，以便于商品的储存、运输、装卸。运输包装收发货标志包含收发货标志、包装储运图示和危险货物包装标志三大类。

（一）运输包装收发货标志（GB 6388—86）

运输包装收发货标志（GB 6388—86）规定了铁路、公路、水路和空运的货物外包装上的分类标志及其他标志和文字说明的事项及其排列的格式。

（1）含义。外包装件上的商品分类图示标志及其他标志和其他文字说明排列格式的统称为收发货标志。

（2）内容（见表6-1）。

表6-1 内容

序号	项目			含义
	代号	中文	英文	
1	FL	商品分类图示标志	CLASSIFICATION MARKS	表明商品类别的特定符
2	GH	供货号	CONTRACT NO	供应该批货物的供货清单号码（出口商品用合同号码）
3	HH	货号	ART NO	商品顺序编号，以便出入库、收发货登记和核定商品价格
4	PG	品名规格	SPECIFICATIONS	商品名称或代号，标明单一商品的规格、型号、尺寸、花色等
5	SL	数量	QUANTITY	包装容器内含商品的数量
6	ZL	重量（毛重）（净重）	GROSS WT NET WT	包装件的重量，包括毛重和净重
7	CQ	生产日期	DATE OF PRODUCTION	产品生产的年、月、日
8	CC	生产工厂	MANUFACTURER	生产该产品的工厂名称
9	TJ	体积	VOLUME	包装件的外形尺寸=长（cm）×宽（cm）×高（cm）=体积（m^3）
10	XQ	有效期限	TERM OF VALIDITY	商品有效期至×年×月
11	SH	收货地点和单位	PLACE OF DESTINATION AND CONSIGNEE	货物到达站、港和某单位（人）收（可贴签或涂写）
12	FH	发货单位	CONSIGNOR	发货单位（人）
13	YH	运输号码	SHIPPING NO	运输单号码
14	JS	发运件数	SHIPPING PIECES	发运的件数
说明	① 一定要有分类标志，其他各项可合理选用 ② 外贸出口商品根据国外客户要求，以中、外文对照，印制相应的标志和附加标志 ③ 国内销售的商品包装上不填英文项目			

（3）商品分类图示标志

图示标志尺寸如表6-2所示。图示标志图形如图6-25所示。

表6-2 图示标志尺寸

包装件高度（袋按长度，mm）	分类图案尺寸（mm）	图形的具体参数（mm）		备注
		外框线宽	内框线宽	
500及以下	50×50	1	2	平视距离为5m，包装标志清晰可见
500～1000	80×80	1	2	
1000以上	100×100	1	2	平视距离为10m，包装标志清晰可见

图 6-25　图示标志图形

（4）收发货标志的字体。对于标志的全部内容，中文都用仿宋字体，代号用汉语拼音大写字母；数码用阿拉伯数字，英文用大写的拉丁文字母。标志必须清晰、醒目，不脱落，不退色。

（5）收发货标志的颜色。纸箱、纸袋、塑料袋、钙塑箱，按商品类别和规定的颜色用单色印刷，如表 6-3 和表 6-4 所示。

表 6-3　商品类别和颜色

商品类别	颜　色	商品类别	颜　色
百货类	红色	医药类	红色
文化用品类	红色	食品类	绿色
五金类	黑色	农副产品类	绿色
交电类	黑色	农药	黑色
化工类	黑色	化肥	黑色
针纺类	绿色	机械	黑色

表 6-4　参考色样

红色	
绿色	
黑色	

麻袋、布袋用绿色或黑色印刷。木箱、木桶不分类别，一律用黑色印刷。铁桶用黑、红、绿、蓝底印白字，灰底印黑字。对于表 6-3 内未包括的其他商品，包装标志的颜色按其属性归类。

（6）收发货标志的方式。

印刷：适用于纸箱、纸袋、钙塑箱、塑料袋。在包装容器制造过程中，将需要的项目按相关规定印刷在包装容器上。有些不固定的文字和数字在商品出厂和发运时填写。

刷写：适用于木箱、桶、麻袋、布袋、塑料编织袋。利用印模、镂模，按相关规定涂写在包装容器上。要求醒目，牢固。

粘贴：对于不固定的标志，如收货单位和到达站需要临时确定，可以先将需要的项目印刷在 60g/m²以上的白纸或牛皮纸上，然后粘贴在包装件有关栏目内。

拴挂：对于不便印刷、刷写的运输包装件筐、篓、捆扎件，将需要的项目印刷在不低于 $120g/m^2$ 的牛皮纸或布、塑料薄膜、金属片上，拴挂在包装件上（不得用于出口商品包装）。

（7）标志位置。

六面体包装件的分类图示标志位置，按 GB 3538—83《运输包装件各部位的标志方法》标志部位，放在包装件 5、6 两面的左上角。

袋类包装件的分类图示标志放在两个面的左上角。桶类包装的分类图示标志放在左上方。筐、篓、捆扎件等拴挂式收发货标志应拴挂在包装件的两端，草包、麻袋应拴挂在包装件的两上角。

粘贴标志应贴在包装件的 5、6 两个面的有关栏目内。其他的标志按 GB 190—85《危险货物包装标志》、GB 191—85《包装储运图示标志》等的规定执行。

（二）包装储运图示标志

包装储运图示参照采用国际标准 ISO 780—1985。

（1）主题内容与适用范围。该标准规定了包装储运图示标志的种类、名称、尺寸、颜色及使用方法。该标准适用于各种货物的运输包装。

（2）标志的图形和名称。图示标志共 12 种，如表 6-5 所示。

表 6-5　标志的图形和名称

标志号	标志名称	标志图形	使用说明
标志 1	小心轻放		用于碰震易碎、需要轻拿轻放的运输包装件
标志 2	禁用手钩		用于不得使用手钩搬动的运输包装件
标志 3	向上		用于指示不得倾倒、倒置的运输包装件
标志 4	怕热		用于怕热的运输包装件
标志 5	远离放射源及热源		用于指示需要远离放射源及热源的运输包装件

续表

标 志 号	标 志 名 称	标 志 图 形	使 用 说 明
标志 6	由此吊起		用于指示吊起运输包装件时放链条和绳索的位置
标志 7	怕湿		用于怕湿的运输包装件
标志 8	重心点		用于指示运输包装件重心所在处
标志 9	禁止滚翻		用于不得滚动搬运的运输包装件
标志 10	堆码重量极限		用于指示允许最大堆码重量的运输包装件
标志 11	堆码层数极限		用于指示允许最大堆码层数的运输包装件。图中 N 为实际堆码层数，印刷或喷涂时用阿拉伯数字表示
标志 12	温度极限	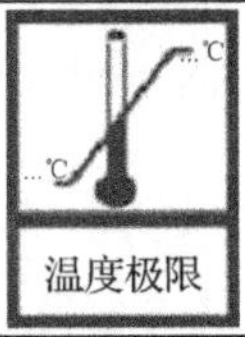	用于指示需要控制温度的运输包装件

（3）标志的尺寸、颜色。

标志的尺寸一般分为 4 种，如表 6-6 所示。

表 6-6　标志的尺寸

尺 寸 号 别	长（mm）	宽（mm）
1	70	50
2	140	100
3	210	150
4	280	200

注：如遇特大或特小的运输包装件，标志的尺寸可以适当扩大或缩小。

图示标志的颜色一般为黑色。如果包装件的颜色使图示标志显得不清晰，则可选用其他颜色印刷，也可在印刷面上选用适当的对比色。一般应避免采用红色和橙色。粘贴的标志采用白底印黑色。

（4）标志的使用方法。

标志的标打，可采用印刷、粘贴、拴挂、钉附及喷涂等方法。印刷时，外框线及标志名称都要印上；喷涂时，外框线及标志名称可以省略。

（三）危险货物包装标志

常用危险化学品标志应符合《常用危险化学品的分类及标志（GB13690—92）》规定，该标准对常用危险化学品按其主要危险特性进行了分类，并规定了危险品的包装标志，既适用于常用危险化学品的分类及包装标志，也适用于其他化学品的分类和包装标志。

该标准引用了《危险货物包装标志（GB190—90）》。

（1）标志的种类：根据常用危险化学品的危险特性和类别，设主标志 16 种，副标志 11 种。

（2）标志的图形：主标志是由表示危险特性的图案、文字说明、底色和危险品类别号四个部分组成的菱形图形标志。副标志图形中没有危险品类别号。

（3）标志的尺寸、颜色及印刷：按 GB 190 的有关规定执行。

（4）标志的使用

① 标志的使用原则：当一种危险化学品具有一种以上的危险性时，应用主标志表示主要危险性类别，并用副标志来表示重要的其他危险性类别。

② 标志的使用方法：按 GB 190 的有关规定执行。

（5）标志图案（见图 6-26）。

主标志

底色：橙红色
图形：正在爆炸的炸弹（黑色）
文字：黑色

标志 1　爆炸品标志

底色：正红色
图形：火焰（黑色或白色）
文字：黑色或白色

标志 2　易燃气体标志

底色：绿色
图形：气瓶（黑色或白色）
文字：黑色或白色

标志 3　不燃气体标志

底色：白色
图形：骷髅头和交叉骨形（黑色）
文字：黑色

标志 4　有毒气体标志

图 6-26　标志图案

底色：红色
图形：火焰（黑色或白色）
文字：黑色或白色

标志 5 易燃液体标志

底色：红白相间的垂直宽条（红 7、白 6）
图形：火焰（黑色）
文字：黑色

标志 6 易燃固体标志

底色：上半部白色，下半部红色
图形：火焰（黑色或白色）
文字：黑色或白色

标志 7 自燃物品标志

底色：蓝色
图形：火焰（黑色）
文字：黑色

标志 8 遇湿易燃物品标志

底色：柠檬黄色
图形：从圆圈中冒出的火焰（黑色）
文字：黑色

标志 9 氧化剂标志

底色：柠檬黄色
图形：从圆圈中冒出的火焰（黑色）
文字：黑色

标志 10 有机过氧化物标志

底色：白色
图形：骷髅头和交叉骨形（黑色）
文字：黑色

标志 11 有毒品标志

底色：白色
图形：骷髅头和交叉骨形（黑色）
文字：黑色

标志 12 剧毒品标志

底色：上半部黄色，下半部白色
图形：上半部三叶形（黑色），下半部一条垂直的红色宽条
文字：黑色

标志 13 一级放射性物品标志

底色：上半部黄色，下半部白色
图形：上半部三叶形（黑色），下半部两条垂直的红色宽条
文字：黑色

标志 14 二级放射性物品标志

图 6-26 标志图案（续）

底色：上半部黄色，下半部白色 图形：上半部三叶形（黑色），下半部三条垂直的红色宽条 文字：黑色  标志 15　三级放射性物品标志	底色：上半部白色，下半部黑色 图形：上半部两个试管中液体分别向金属板和手上滴落（黑色） 文字：下半部白色  标志 16　腐蚀品标志

副标志

底色：橙红色 图形：正在爆炸的炸弹（黑色） 文字：黑色  标志 17　爆炸品标志	底色：红色 图形：火焰（黑色） 文字：黑色或白色  标志 18　易燃气体标志
底色：绿色 图形：气瓶（黑色或白色） 文字：黑色  标志 19　不燃气体标志	底色：白色 图形：骷髅头和交叉骨形（黑色） 文字：黑色  标志 20　有毒气体标志
底色：红色 图形：火焰（黑色） 文字：黑色  标志 21　易燃液体标志	底色：红白相间的垂直宽条（红 7、白 6） 图形：火焰（黑色） 文字：黑色  标志 22　易燃固体标志
底色：上半部白色，下半部红色 图形：火焰（黑色） 文字：黑色或白色  标志 23　自燃物品标志	底色：蓝色 图形：火焰（黑色） 文字：黑色  标志 24　遇湿易燃物品标志

图 6-26　标志图案（续）

底色：柠檬黄色 图形：从圆圈中冒出的火焰（黑色） 文字：黑色  标志 25　氧化剂标志	底色：白色 图形：骷髅头和交叉骨形（黑色） 文字：黑色  标志 26　有毒品标志
底色：上半部白色，下半部黑色 图形：上半部两个试管中液体分别向金属板和手上滴落(黑色) 文字：（下半部）白色  标志 27　腐蚀品标志	

图 6-26　标志图案（续）

二、销售包装标志

销售包装标志是指在销售包装上使用的一切文字、图形、符号及其他说明。销售包装标志主要包括以下内容。

（一）销售包装的一般标志

这类标志一般用文字来表现，基本内容包括商品名称、商标、规格、数量、成分、产地、用途、功效、使用方法、保养方法、批号、品级、商品标准代号、条形码等。部分重要商品国家实行强制性标准来统一标志，如根据 GB 7718—94《食品标签通用标准》，食品标签上应标明以下内容：

- ◆ 食品名称。
- ◆ 配料表。除单一原料外，食品标签上必须标有配料表。配料必须按加入量由多到少地依次排列。特殊需要食品，如婴幼儿食品、营养强化食品等，必须按商品标准要求增加成分表。
- ◆ 净含量及固形物重量。净含量的标注方法是：液态食品用体积；固态食品用重量；半固态或浆态食品用重量或体积。包装中充填液态的食品时，还必须标明食品的固形物重量。
- ◆ 厂名。必须标明制造、包装、批发、进口分装、出口或销售的任意一个单位的准确名称、地址和电话。
- ◆ 批号。
- ◆ 日期标志及储存指南。食品必须标明生产日期、保存日期或保质期。

◆ 食（使）用方法指导。
◆ 质量等级。
◆ 商品标准代号。

（二）商品的质量标志

商品的质量标志（见图 6-27）是说明商品所达到的质量水平的标志。主要包括优质产品标志、产品质量认证标志、商品质量等级标志等。

图 6-27　商品的质量标志

（三）使用方法及注意事项标志

例如，服装洗涤熨烫的使用方法及注意事项标志，如图 6-28 所示。

（四）产品的性能指示标志

例如，电冰箱的性能指示标志，如图 6-29 所示。

服装洗涤标志中英对照说明	
	可以手洗 WASHING WITH HAND
	不可机洗 DO NOT MACHINE WASH
P	干洗 DRY CLEAN ONLY
	不可漂白 DO NOT BLEACH
	蒸汽熨烫 STEAM PRESSING
	不可转笼翻转干燥 DO NOT TUMBLE DRY
	平摊干燥 FLAT DRY

图 6-28　服装洗涤熨烫的使用方法及注意事项标志

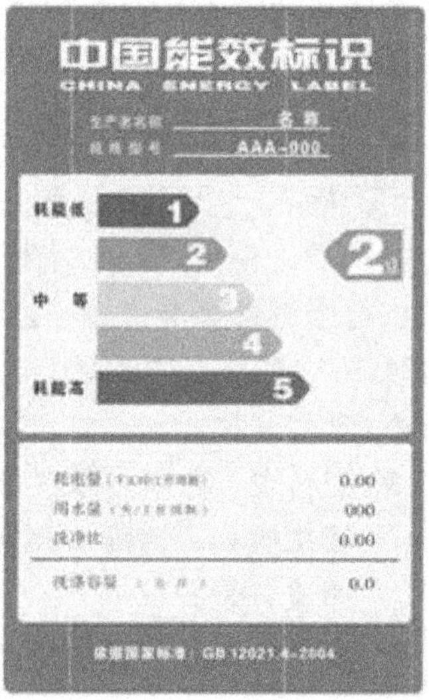

图 6-29　电冰箱的性能指示标志

（五）销售包装的特有标志

它是指名牌商品在其商品体固定部位或包装物内标注的让消费者更加容易识别本品牌商品的标志，由厂家自行设计制作。例如名牌服装的特有标志如图 6-30 所示。

图 6-30　名牌服装的特有标志

（六）产品原材料、成分标志

它是指由国家专门机构检验认定后、证明产品的原材料或成分的标志，如环境标志、绿色食品标志、纯羊毛标志、真皮标志、塑料成分标志等，如图 6-31 所示。

图 6-31　产品原材料、成本标志

第五节　商　　标

情景导入

如图 6-32 所示是我们熟悉的商标。你知道商标有何强大的力量吗？

图 6-32　商标

知识链接

一、商标的概念

商标俗称牌子，是商品生产者或经营者为了使自己生产或销售的商品在市场上与其他商品相区别而使用的一种标记。商标通常由文字、图形或者文字、图形的组合图案构成。

> 小知识
>
> **商标和品牌是一样的吗？**
>
> 商标和品牌两者既有联系又有区别。商标是品牌的一部分，是品牌中的标志和名称部分，它使消费者便于识别。品牌是一个集合概念，指的是一个企业存在品牌名称、品牌标志、品牌文化、品牌属性、品牌价值等一系列可供人们想象的概念。例如，麦当劳，那个黄色的“M”就是它的商标，而品牌就是麦当劳所带来的人们对它所有的想象。提到麦当劳，消费者就会想到它是做连锁快餐的世界知名企业，它代表的是整洁、低价的快餐消费等。

二、商标的分类

商标的种类很多，可以按图6-33所示进行分类。

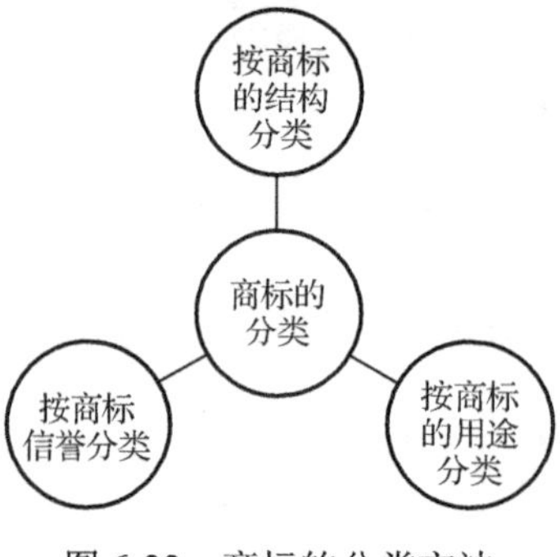

图6-33　商标的分类方法

（一）按商标的结构分类

1. 文字商标

文字商标是指单纯用文字构成的商标，不使用其他任何图形。文字商标包括汉字、少数民族文字、数字、拼音、外文字母、古文字等不同文种的文字。如“全聚德”烤鸭、“555”香烟、“Hiense”电视机等就属于文字商标，其特点是简明易记，但形象性不如图形商标，如图6-34所示。

2. 图形商标

它是以图形构成的商标，花、木、山、河、动物、虫、人、建筑等各种图案都可作为图形商标。如图6-35所示，熊猫牌香烟、钻石牌风扇的商标就是图形商标。图形商标不受国家、地区的语言限制，但不便于叫读，有时会交流困难。

图 6-34　文字商标

图 6-35　图形商标

3. 组合商标

组合商标是由文字、图形、记号互相组合而成的商标。如图 6-36 所示，阿迪达斯鞋子和张小泉剪刀的商标都是组合商标。其特点是图文并茂，易于记忆，是商标中应用最多的一种。

图 6-36　组合商标

（二）按商标的用途分类

1. 商品商标

商品商标是商标使用者在其生产、经营的商品上使用的商标。

2. 服务商标

服务商标是商标使用者在其提供的服务项目上使用的商标。

例如，房屋建筑、修理、安装服务；教育、培训、娱乐、文体活动；饮食供应、临时住宿、医疗、卫生、美容服务、兽医、农业服务、法律服务等允许申请注册服务类商标。

3. 集体商标

集体商标是指以团体、协会或者其他组织的名义注册，供该组织成员在商务活动中使用以及作为在该组织成员资格的标志。

4. 证明商标

证明商标是指由对某种商品或服务具有监督能力的组织所控制，而由该组织以外的单位用于其商品或服务，用于证明该商品或服务的原产地、原料、制造方法、质量或其他特定品质的标志，如国际羊毛局的纯羊毛标志、绿色食品标志等。

（三）按商标信誉分类

1. 普通商标

普通商标是在正常情况下使用、未受到法律保护的绝大多数商标，是与驰名商标相对应的。

2. 驰名商标

驰名商标是指那些在市场上享有较高声誉、为相关公众所熟知，并且有较强竞争力的商标。

驰名商标是需经过工商行政管理部门认定的。认定驰名商标要考虑公众对商标的知晓程度，商标使用的持续时间，商标宣传工作的持续时间、程度、地理范围等因素。驰名商标在国内外受到严格保护。

小知识

驰名商标与名牌一样吗？

驰名商标与名牌是不一样的，它们是不同领域的两个不同概念。驰名商标通常是指市场上享有较高声誉的商标，是个法律的概念，它的产生经过严格的法律保护，由司法机关或行政管理部门依法认定，目的在于解决商标权利的冲突，保护驰名商标人的合法权益。而名牌则是一般公众对那些在市场上有较高声誉的商标的俗称，它是经过民间团体或者有关行业管理部门的评定产生的，它的目的是授予企业一种荣誉，不具备任何法律地位，也不被其他国家的商标主管机关和司法机关认可。

三、商标的作用

商标作为商品或服务项目的专用标记，有利于鼓励生产或经营企业展开正当竞争，维护消费者的合法权益。商标的作用主要有4个方面，如图6-37所示。

（一）识别商品或服务项目

区别不同生产、经营者是商标最本质、最重要的作用。在市场经济条件下，每一种商品都有很多的生产者或经营者，不同生产、经营者生产、经营的商品质量是不同的，商标是识别商品或服务最简便有效的手段，因此有人形象地把商标比喻为商品的脸。

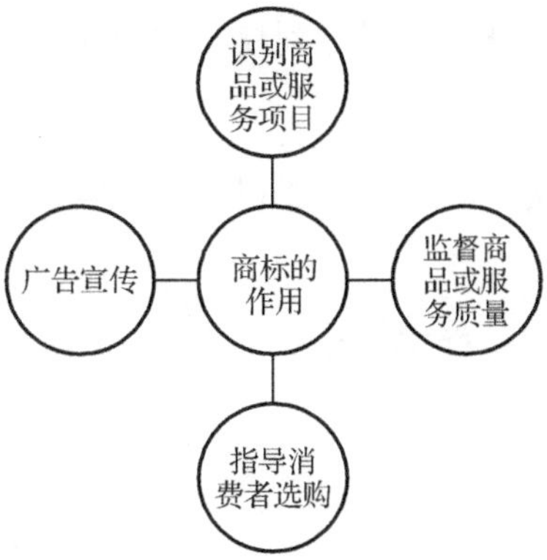

图 6-37　商标的作用

（二）监督商品或服务质量

商标并不标志着商品质量，但是商标的信誉取决于商品的质量。商品的质量越好，商标的信誉就越高，商标使用人应对使用其商标的商品质量负责。因此，企业要不断提高商品质量才能保证企业的信誉，维护商标的良好形象。

小知识

当看到商品上有“海尔兄弟”商标时，我们便会联想到海尔公司的产品和文化。商标在识别商品或服务项目以及在企业活动中有着功不可没的地位。

（三）指导消费者选购

消费者选购商品，无论是慕名而来，还是出于使用习惯，或者是对某种商品的新尝试，首先看到的是商标标志。商品通过商标吸引顾客，引导和刺激消费，超市里琳琅满目的商品首先映入消费者眼帘的是它们的商标。它们以文字、图形、色彩吸引着消费者的眼球，指导消费者选购。

（四）广告宣传

商标是商品与商品包装的重要内容，是一种有效的广告宣传手段。消费者使用带有商标的商品，如果对商品的质量、价格、耐用程度等产生了良好的印象，就会把这种印象推广给其他消费者，从而使此种产品或服务深入人心。在这一过程中，商标起到了无声推销员的作用，发挥着广告宣传的功能。

四、商标的特征

（一）专用性

商标的专用性指的是它的专用权，包括排他性、地域性、时间性。排他性是指一个商标只允许应用在一个厂家的某种产品或商品上，他人或其他商品不得随意使用这个商标；地域性是指一个商标经一个国家或地区注册后，授予专利权，就只能在这个国家或地区范围内实行专利权，同时受到这个国家或地区的法律保护，离开这个国家或地区，就丧失了这种专利权和法律保护；时间性是指在注册登记的年限内，如 5 年、10 年，它受到所在国家或地区的法律保护，一旦超过这个年限，就丧失了专利权与法律保护。

（二）简明性

商标的设计要求尽量简单明了，一看就能记住、理解、识别。

（三）形象性

商标是作用于视觉感受的特殊标志，无论采用图形的形式、文字的形式还是图形与文字融合的形式，都离不开形象性这一特征。

（四）显著性

商标的显著性是简明性的视觉效应，只有简明的商标才会具有显著性。《商标法》第七条规定："商标使用的文字、图形或者其组合，应当有显著特征，便于识别。"

（五）独特性

商标的独特性是由独创性、创造性、新颖性融合而产生的。它包括图形构思的独特性、立意的独特性，以及二者的统一。只有具备独特性的商标才会具备显著性、专用性、简明性、形象性的全部特征。

五、商标的注册

任何能将自然人、法人或者其他组织的商品与他人的商品区别开来的可视性标志，均可作为商标申请注册。根据我国《商标法》规定，注册商标的有效期为10年，自核准之日起计算，有效期满之前6个月可以进行续展并缴纳续展费用，每次续展有效期仍为10年，续展次数不限。如果在这个期限内未提出申请的，可给予6个月的宽展期，如宽展期内仍未提出续展注册的，商标局将其注册商标注销并予以公告。

（一）商标注册程序

1. 注册准备

首先注册人要选择注册方式：一种是自己到国家工商行政管理总局商标局申请注册；另一种是委托一家经验丰富的商标代理组织代理服务。在注册之前，注册人最好先找一家权威的查询公司帮忙查询，因为自己的商标有可能和其他注册人的相同或相近，所以注册前的查询可以减少商标注册的风险，提高商标注册的把握性。

2. 准备资料

准备商标图样10张（指定颜色的彩色商标，交着色图样10张，黑白墨稿1张），长和宽不大于10cm，不小于5cm，商标图样方向不清的，要用箭头标明上下方向；如果是个人提出申请，需要出示身份证并递交复印件，另加个体营业执照复印件，并且经营范围与注册的商标一致；若是企业申请，则出示企业《营业执照》副本并递交复印件，盖有单位公章的商标注册申请书。

3. 提出申请

目前，商品和服务项目分为45类，商品有34类，服务项目有11类。申请注册时，要按商品与服务分类表的分类确定使用商标的商品或服务类别；如同一申请人在不同类别的商品上使用同一商标的，应按不同类别提出注册申请。

我国注册商标采用申请在先原则，一旦企业之间发生商标权纠纷的，申请日在先的企业将受到法律保护。因此，确立申请日十分重要，申请日以商标局收到申请书的日期为准。

4. 审查核准

一般要经过商标审查、初审公告、注册公告 3 个程序。经过商标局初审通过的商标，要在刊登公告 3 个月后无人提出异议才可以注册完成，该商标即受法律保护。

5. 领取商标注册证

当商标完成注册后，商标局向注册人颁发证书。

（二）商标设计注意事项

1. 商标设计必须具有显著特征

显著特征指的是商标的构成要素、形式内容要新颖独特，能给人留下深刻的印象。商标要具有与众不同的醒目特征，不能与他人注册的商标相同或相近。在同一种商品或类似商品中，与他人商标雷同的申请将不被批准注册。

2. 商标设计必须符合法律规定

我国《商标法》规定，以下标志不得作为商标使用。

（1）同我国的国家名称、国旗、国徽、军旗、勋章相同或相近的，以及同中央国家机关所在地特定地点的名称或标志性建筑物的名称、图形相同的。

（2）同外国的国家名称、国旗、国徽、军旗相同或近似的，该国政府同意的除外。

（3）同国际组织的名称、旗帜、徽记相同或近似的，经该组织同意或者不易误导公众的除外。

（4）与表明实施控制、予以保证的官方标志、检验印记相同或者近似的，经授权的除外。

（5）与“红十字”“红新月”的名称、标志相同或近似的。

（6）带有民族歧视性的。

（7）夸大宣传并带有欺骗性的。

（8）有害于社会主义道德风尚或有其他不良影响的。

（9）县级以上行政区划的地名或公众知晓的外国地名，但地名具有其他含义或作为集体商标、证明商标组成部分的除外；已经注册的使用地名的商标继续有效。

（10）仅有本商品的通用名称、图形、型号。

（11）仅仅直接表示商品质量、主要原料、功能、重量、数量、用途及其他特点的。

3. 商标设计要具有审美性

商标名称的选择和图案的设计应符合消费者的审美心理要求，达到形象性、艺术性、新颖性、时代性、民族性、象征性高度统一。商标的造型艺术应使消费者一眼难忘，留下深刻的印象。商标的构图和寓意要充分运用形式美的法则来增强艺术感染力。

小实践

请你收集怡宝纯净水的销售包装和运输包装，仔细观察，完成以下实训项目：

1. 指出包装标志。
2. 说明其所采用的包装材料、包装技法及其优缺点。
3. 指出包装上的商标并说明其种类。

____

____

知识拓展

超市商品包装需改进

上海市包装技术协会曾结合市商委、经委和农委联合对超市商品包装进行调查，发现超市商品包装问题很多。例如：包装过量、单一、陈旧、不便等，特别是商品标识问题较多，进口商品上大多没有中文标识、商品外包装没有保质期或者保质期不准确、商品条码存在问题。目前，家乐福、沃尔玛等国外零售巨头大举进入我国，使我国零售业正走向国际化。我国包装行业要想适应零售业的国际化发展趋势，必须与商品生产行业联合起来，认真研究超市商品包装特点，积极学习国外超市商品包装的经验，加紧改造超市商品的各种包装。为此，上海包协提出了改进超市商品包装的几点措施：

（1）包装定量要适当改小；

（2）研制并提供新型的包装材料、技术、扩大应用各种包装新形式；

（3）继续大力提高包装设计水平；

（4）加强从产到销各环节的包装管理等。

◆讨论

1. 按商品在流通中的作用来分，超市的商品包装大多属于哪种包装？
2. 超市商品包装标志应该有哪些内容？
3. 从国外进口的一般商品，必须用中文在其每个小包装上标注哪些内容？

练习与自测

一、判断题

1. 美化商品，促进销售是包装最基本的作用。（　　）

2. 运输包装最主要的作用是美化商品、促进销售。（　　）

3. 监督商品或服务质量是商标最重要、最本质的作用。（　　）

4. 销售包装广泛采用集合包装，表面印有明显的识别标志，具有保护商品，方便运输、装卸和储存的作用。（　　）

5. 人们常把销售包装标志称为“沉默的推销员”。（　　）

二、单项选择题

1.（　　）的目的在于满足不同性别消费者的需求。

A. 配套包装策略　　B. 性别包装策略

C. 类似包装策略　　D. 差异化包装策略

2. 企业为了促进儿童商品的销售，在儿童商品包装内配备玩具或卡通卡片，刺激孩子们的购买欲望，使用的是（　　）。

A. 附赠品包装策略　　B. 配套包装策略

C. 习惯使用包装策略　　D. 差异化包装策略

3. 为在流通过程中保护商品，方便运输，促进销售，按一定的技术方法而采用的容器、材料及辅助等的总体名称是（　　）。

A. 商品储运　　B. 商品包装　　C. 商品养护　　D. 商品识别

4. 商品的生产经营者或服务的提供者为了将自己生产经营的商品或提供的服务与他人区别开来，而使用的文字、图形、数字或其组合标志是指（　　）。

A. 商品包装名称　　B. 商品包装标志

C. 商品商标　　D. 商品名称

5. “TCL”商标属于（　　）。

A. 文字商标　　B. 图形商标　　C. 字母商标　　D. 数字商标

三、多项选择题

1. 常见运输包装有（　　）。

A. 纸箱　　B. 桶　　C. 集合包装　　D. 托盘包装

2. 下列属于按包装材料分类的是（　　）。

A. 纸类包装　　B. 木材类包装　　C. 金属类包装　　D. 自包装

3. 运输包装标志分为（　　）。

A. 包装储运图示标志　　B. 运输包装收发货标志

C. 危险货物包装标志　　D. 销售包装标志

4. 下列对商品商标特征描述正确的是（　　）。

A. 商标是说明商品或服务来源的标志

B. 商品的生产经营者或服务的提供者是商标的使用主体

C. 商标标记的是不同的商品或服务

D. 商标通常由文字、图形、数字、颜色等要素或其组合组成

四、案例分析题

恒寿堂的包装策略

1998年中期，恒寿堂经过一两年的前期运作，主力产品的种类基本形成，有金乳钙、鲨鱼肝油、金枪鱼油三大产品，销量呈递增之势。由于广告的强力推动作用，恒寿堂品牌知名度迅速提升，具有传统文化底蕴的企业理念逐渐被广大受众所接受。药店、商场的铺货已经不能满足企业的发展需要，产品进入大卖场。连锁超市已经势在必行了。在这个转型的过程中，产品包装所存在的问题逐渐显露出来。首先，纸盒装的规格不适合超市、大卖场的货架

陈列。其次，瓶装产品的包装为无色透明瓶体，容易受光照导致胶丸变质氧化，对产品的保存有一定的影响。再次，各产品包装外观差异太大，没有统一品牌的系列感，对统一宣传、产品推广、产品出样、堆装产生较大难度。对今后不断推出的新产品缺乏统一的视觉规范，而且包装的设计样式明显过时，已不能与恒寿堂品牌形象相协调。产品包装已经到了不得不换的地步。

经过企划部门与营销部门相互沟通，决定全面对各产品包装重新定位设计。如何让每个产品既符合各自的个性形象又有统一性是首先必须解决的难点。恒寿堂虽然有一个非常传统的名称，企业理念也是极具中国文化的儒道思想，但生产的产品却是新型现代的保健品。在企业形象的表现上就必须突出这一特点，体现“新古典主义”的风格。

设计人员经过反复推敲，画出初稿：以椭圆为基本形，结合不同的代表画面为三个产品设计了“产品 LOGO”。也就是说，为每一个产品设计了一个专用的图形标识，成为它的象征。

金乳钙在显目的中文名称字体下配以英文，并由一个扇形的图形衬托起来，古朴中带有现代感。一个大的主体椭圆形里是幅美丽的画面：一股洁白的牛奶倾倒下来，溅起动人的奶花，背景衬以草原奶牛，一派自然美味。一切体现金乳钙“牛奶钙源，天然之选”的产品精神。

鲨鱼肝油同样是在扇形的衬托下，配以中英文名称，主体的大椭圆里是一片幽深的海，跃起一条凶猛的鲨鱼，定格成一幅强有力的画面，充分地表现出“增加免疫力”的产品特性。

金枪鱼也同样规范在这一风格里，画面是一群充满活力的鱼群，衬托出一条大金枪鱼，活灵活现，“聪明、活力”的产品特色得以很好的体现。在这统一的设计规范中，恒寿堂上市的各种产品都遵循着这一风格，从而使产品的形象多而不乱，系统化地从视觉的角度进行管理。

讨论分析：

1．恒寿堂最初使用的包装类型有哪些？

2．恒寿堂在设计商品的商标时应注意突出什么特征？

第七章　商品的科学养护

任务目标

- 理解商品储存和养护的意义
- 掌握仓储商品的基本养护技术
- 熟悉仓库管理内容

第一节　商 品 储 存

情景导入

水果（见图 7-1）富含维生素，对人体健康有益，但大多数水果只在特定的季节成熟，而商场中却全年可见，这是为什么呢？

图 7-1　新鲜的水果

知识链接

一、商品储存的含义

商品储存是指在商品离开生产领域，尚未进入消费过程之前，在商品流通阶段形成“停滞”的存放过程。商品储存是调节市场供求、保证市场供应、满足消费者需要的必要手段。

二、商品储存的作用

商品储存的作用如图 7-2 所示。

1. 协调产销时间矛盾

商品生产和消费并不是同时进行的，它们各有自己特定的周期性，因此需要通过商品储存来协调商品生产与消费之间的时间矛盾。商品有的是常年生产、季节性消费的商品；有的是季节性生产、常年消费的商品；有的是季节性生产、季节性消费的商品；有的是常年生产、常年消费的商品。它们都存在着一个产销之间的时间差，需要进行商品储存，如图 7-3 所示。

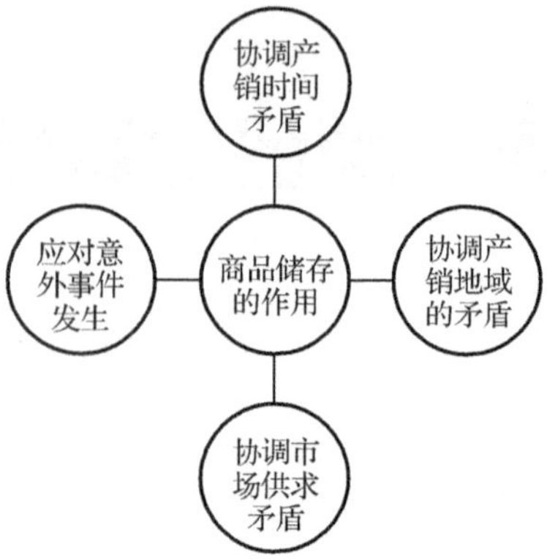

图 7-2　商品储存的作用

图 7-3　各种需要储存的商品

2. 协调产销地域的矛盾

商品的生产和消费往往是在异地进行的。这些异地产销的商品必须经过相应的运输、储存环节，才能实现商品的位移，满足广大消费者对各地名、特、优商品的需求。

3. 协调市场供求矛盾

商品储存的根本目的是保证商品销售，它以保证商品流通和再生产过程的需要为限度。商品储存通过自身的不断循环，充分发挥协调商品产销矛盾的功能，而成为促进商品流通以及整个社会再生产的不可缺少的重要条件。

小知识

在农作物丰收的季节，价格往往比较低廉。农户为了得到更好的收益，经常把收获的农作物储存起来，虽然花费一定的储存费用，但因单价的提高也带来了收益的增加。

4. 应对意外事件发生

除了市场环境会随着时间等各种因素的变化而变化外，还有一些因素的变化也需要商品储存，如不可预见的自然灾害或突如其来的战争等。为了应付这些突发的意外事件，常常需要有意识地储存一些商品，特别是食品、药品、御寒用品等重要物资。国家储备粮仓如图 7-4 所示。

图 7-4　国家储备粮仓

小知识

我国负责经营中央储备粮的收购、储存、运输、加工、销售及相关业务的是中国储备粮管理总公司（简称中储粮总公司）。它是国资委直接管理的中央企业，承担特殊政策性任务，属于涉及国家安全和国民经济命脉的国有重要骨干企业。它拥有国内覆盖面最广、规模最大的粮食储运网络，其粮食储运技术和装备水平行业领先，对我国中央储备粮的总量、质量和储存安全负总责。

三、商品储存管理

商品储存管理的主要环节如图 7-5 所示。

图 7-5　商品储存管理的主要环节

1. 入库验收

商品入库验收，主要包括数量验收、包装验收和质量验收 3 个方面。商品入库验收的要求如表 7-1 所示。

表 7-1　商品入库验收的要求

验收内容	验收要求
数量验收	核对单、货（商品的品名、编号、货号、规格、数量等方面）是否一致，保证单货相符
包装验收	认真检查商品的包装有无沾污、受潮、残破
质量验收	商品质量是否完好，有无霉变、腐蚀、虫蛀、鼠咬和其他物理、化学变化发生

2. 适当安排货位

各种商品的性质不同，对储存场所的要求也不同。应根据储存商品的特性来选择合适的商品储存场所，以确保在库商品安全。不同性质商品储存场所比较如表 7-2 所示。

表 7-2 不同性质商品储存场所比较

按商品性质分类	储 存 场 所
怕热和易挥发商品	比较阴凉和通风良好的仓库
怕冻的商品	保温性较好的仓库，并备有保温设施
鲜活易腐商品	低温仓库
危险品	特种仓库，应符合防毒、防爆、防燃、防腐蚀的要求
特殊商品	专用仓库
怕潮、易霉或易生锈的商品	地势较高、比较干燥通风的库房

小知识

商品储存同时要做到分区分类、科学存放，即品种分开、干湿分开、新陈分开、好次分开；尤其是对性质相抵和消防方法不同的商品，不可同库混放，以免互相影响，发生事故。

3. 妥善堆码

商品堆码是指商品的堆放形式和方法。商品的合理堆码也是储存中一项重要的技术工作。堆码应符合安全、方便、多储的原则。堆码形式要根据商品的种类、性能、数量和包装情况以及库房高度、储存季节等条件决定，不同的商品，其堆码的形式也应有所不同，如图 7-6 所示。

图 7-6 不同商品的堆码形式

练一练

走访附近便利店或超市的货品储备仓，调查大米、纸巾、食用油这些商品分别是怎么堆码的，各仓库在操作时有哪些注意事项，以小组为单位讨论仓库各项措施的优缺点并提出合理化建议。

调查结果：____

4. 商品在库检查

商品在储存期间，其质量会不断发生变化，特别是在不利的环境因素的作用下，劣变的速度会加快，如不能及时发现和处理，会造成严重损失。因此，对于库存商品要做定期和不定期、定点和不定点、重点和一般相结合的质量检查，并根据检查结果随时调节储存条件，减慢商品的劣变速度。检查方法以感观检查为主，充分利用检测设备，必要时要进行理化检验。对检查中发现的问题应立即分析原因，采取相应的补救措施以保证商品的安全。如果发现商品质量有严重变化，应及时报请主管部门，按有关规定妥善处理。同时，还要实施安全检查，对库房的消防设备状态、仪表设备运行情况以及卫生状况是否符合要求进行认真的检查，并做好防虫、防火、防霉等工作。

5. 商品出库

商品出库是仓储业务的最后阶段，要求做到以下几点。

（1）必须由业务部门开具齐备的提货单，并认真验证核查，手续齐备，商品才能出库。

（2）对交付的商品，要认真对单核对品种、规格，数量要准确，质量要完好，复核要仔细，不错、不漏，单、货同行。

（3）商品的包装完整，标志准确、清晰，符合运输要求。

（4）对预约提货的商品，应及早备货。

（5）为了维护企业经济利益，商品出库应符合先进先出、接近失效期先出、易坏先出的“三先出”原则，及时发货，但变质失效的商品不准出库。

第二节　商品储存中的损耗与质变

情景导入

去年朋友送了一瓶名贵香水，小王只用过一次就珍藏起来，结果今年拿出来时发现香水少了三分之一，这是什么原因？你还遇到过哪些商品在储存中损耗与质变的现象吗？

商品在储运过程中，由于商品本身性能特点，以及受外界因素影响，可能发生各种各样的质量变化。防止、减缓商品的质量变化是商品流通企业必须做好的一项重要工作。研究储运过程中的商品质量变化，了解商品质量变化的规律及影响质量变化的因素，就可以在商品储存过程中有的放矢地进行养护。

知识链接

一、储存商品的损耗

商品损耗是指商品在存储过程中，由于各种自然的和非自然的因素所造成的数量损失。值得注意的是，许多商品在发生损耗时，往往还伴随着一定程度的质量损失。导致储存商品发生损耗的原因主要有6种，如图7-7所示。

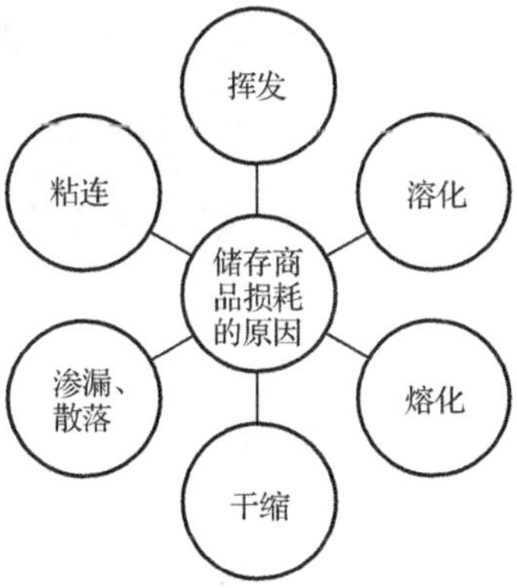

图7-7　导致储存商品发生损耗的原因

1. 挥发

挥发是指某些液体商品和经液化的气体商品在常温下气化、蒸发的现象。气体挥发到空气中便无法回收，因此挥发使商品的数量减少。有时候，挥发不仅仅使商品数量减少，而且使质量降低，有些挥发的气体还会影响人体健康，如乙醚、甲醛等，严重的甚至会引发爆炸和火灾事故。一般来说，商品的挥发速度取决于环境温度、空气流速、与空气的接触面积以及商品本身的沸点。对容易挥发的商品应该采取密封性好的包装容器，并在温度较低的环境中储存。

容易挥发的液体商品有松节油、香水、花露水、高度酒、油墨等，容易挥发的液化气体商品有液氮、液氨、液态二氧化碳等，如图 7-8 所示。

a—松节油　　b—花露水　　c—液氮

图 7-8　易挥发物品

2. 溶化

溶化是指某些具有较强吸湿性和水溶性的固体商品，吸收空气中的水分并发生溶解的现象。晶体、粉末和膏状的固体商品比较容易发生溶化现象，这些商品溶化后形成水溶液，商品的固体质量减少。影响商品溶化的因素主要有环境温度和相对湿度、商品与空气的接触面积、商品的吸湿性和水溶性等。容易溶化的商品在储存中应采用防潮包装并防止包装受损，保持储存环境干燥凉爽，避免与含水量大的商品混放。

日常生活中常用到的奶粉、洗衣粉等，化工商品中的明矾、氯化镁、氯化钙、硫代硫酸钠、四氧化钛、硝酸锰等，以及一些医药制剂都比较容易溶化。易溶化的商品如图 7-9 所示。

a—洗衣粉　　b—饮料冲剂　　c—化工产品

图 7-9　易溶化的商品

3. 熔化

商品的熔化是指某些固体商品在常温下发生变软以致变成液体的现象。常温下，固体商品熔为液体会造成商品流失，导致商品数量减少，或使商品与包装粘连引起商品质量下降，甚至可能污染其他商品。影响商品熔化的因素主要是环境温度的高低和商品本身熔点高低。因此，本身熔点较低的商品在储存中应保持温度较低的环境，包装应密封、隔热，防止日晒。

日用商品中的化妆品、蜡制品、食糖等，医药商品中的油膏类、胶囊类药品（见图 7-10），化工商品中的松香、石蜡等商品在常温下比较容易熔化。

a—蜡烛　　b—油膏类　　c—胶囊类

图 7-10　易熔化的商品

4. 干缩

干缩是指商品失去大量水分而产生体积缩小、表面脆裂的现象。许多商品都含有水分，若储存不当，商品中的水分会流失，流失的水分太多，商品就会缩小导致重量减少，并且经常伴随湿度太低。因此，在储存过程中为防止商品发生干缩现象应严格控制环境的相对湿度，降低空气的流动速度。

许多商品都必须保持合理的含水量，如食品中的水果、蔬菜、糕点等，干缩后的商品不但数量减少而且品质下降；还有日用品中的纸张、皮革制品、木制品等，若含水量过低甚至成为废品。易干缩的商品如图 7-11 所示。

a—蔬菜　　b—水果　　c—木材

图 7-11　易干缩的商品

5. 渗漏、散落

渗漏是指液体商品发生外漏的现象，散落是指固体商品脱落散开的现象。导致商品渗漏的原因是商品本身包装容器密封不良，包装质量不合格，搬运装卸时碰撞震动，液体受热、结冰膨胀致使包装破裂等。液体商品发生渗漏会直接导致商品数量减少。导致商品散落的原因是商品包装不严、包装强度太低，或商品受到外力撞击、抛掷导致散开等。固体商品散落后可能会损坏商品，导致商品丧失使用价值，而有些粉末状、颗粒状固体散落后则导致商品数量减少。

6. 粘连

粘连是指黏稠状液体商品黏着于容器或包装而无法全部取出的现象。因粘连在容器或包装上的商品不能取出，使得商品实际数量少于其名义数量，这种由于粘连而造成的商品数量减少通常难以避免，因此这种损耗属于正常损耗。易粘连的商品如图 7-12 所示。

a—油漆　　b—化妆品　　c—酱料

图 7-12　易粘连的商品

二、储存商品的质变

商品储存过程中，由于受到外界环境因素的作用和自身原因，会发生各种各样的变化，造成商品质量下降，甚至完全丧失使用价值，这种现象称为质量劣变。商品之所以发生质量劣变，是由于商品在储存过程中发生了一些化学变化、生理变化或生物学变化，这些变化使得商品的性能、结构等发生改变，影响了商品的使用价值。

（一）储存商品发生的化学变化

储存商品发生的化学变化如图 7-13 所示。

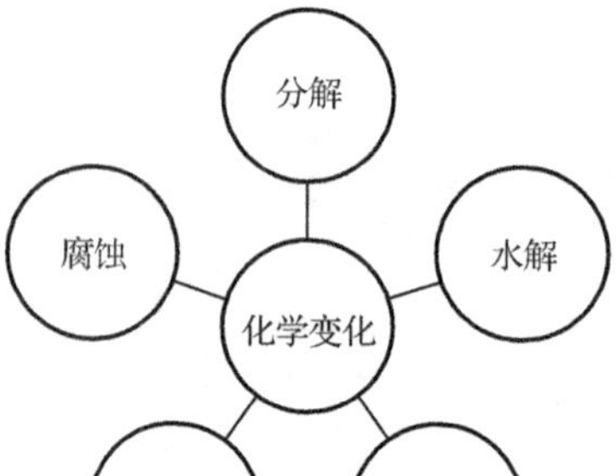

图 7-13　储存商品发生的化学变化

1. 分解

分解是指一种化合物由于化学反应而分成两种或多种较简单的化合物或单质的现象。在特定的条件下，某些化学性质不稳定的商品会发生分解反应，例如光照、高温等。分解反应通常会降低商品的使用价值，即发生质量劣变，甚至会使商品完全失效。

例如，用作杀菌剂的双氧水在常温下会缓慢分解，在高温下会迅速分解，分解的最终产物是氧气和水，从而使商品失去使用价值。

对容易发生分解反应的商品在储存时应注意避光、降低环境温度。

2. 水解

水解是指化合物与水作用而分解。这是一种复分解反应。在酸性或碱性的条件下，有些商品更容易发生水解反应。因此，为了防止商品发生水解，在储存时除了要防止水分外，还应特别注意不要与酸性或碱性商品混放。

3. 氧化

氧化是指物质与氧化合，形成氧化物的过程。商品在储存过程中会与空气的氧或其他氧化性物质作用，商品就被氧化了。被氧化的商品质量会降低，如金属生锈。商品还会因氧化产生热量，商品在储存中大量的热量聚集很可能引起商品自燃甚至爆炸。氧化条件主要有充足的氧、较高的温度和光照等。因此，在储存易氧化的商品时应选择低温避光的条件，避免与氧接触，为防止自燃和爆炸还应注意通风散热。

容易氧化的商品种类很多，如油脂及油脂类制品（包括含有油脂的食品）、纤维制品及纺织品、金属及金属制品、塑料及橡胶制品以及某些还原性化工商品等。

4. 老化

老化是指橡胶、塑料等高分子化合物在光照、热、空气中的氧及机械力的作用下，变得黏软或硬脆的现象。老化使得高分子化合物的大分子链发生一系列速度很快的氧化反应（连锁反应），使高分子化合物发生降解或交联，出现不同的老化变质特性。老化使商品失去原有的优良性能，甚至失去使用价值。塑料、橡胶、合成纤维制品等商品在储存中若出现变软、发黏、变僵、变脆、失去弹性或发生龟裂等现象，则说明这些商品产生了老化。储存易老化的商品时要注意避免日光照射和高温，尤其是要防止暴晒，同时还要避免重压。

5. 腐蚀

腐蚀主要是指金属的腐蚀。在潮湿的空气中，金属制品通过一系列物理、电化学反应，可能在表面形成不规则的溃疡式斑点、凹洞并不断向里深入，产生金属氧化物或氢氧化物附于金属表面，最终破坏金属制品的质量。因此，金属制品的储存应注意保持干燥、避免温差过大，使金属表面与空气隔绝，从而防止金属被腐蚀。

（二）储存商品的生物学变化

储存商品的生物学变化（见图 7-14）是指有生命活动的有机商品受到其他生物作用而发生的化学变化。生物学变化形式有霉变、腐败、发酵、虫蛀、鼠咬等。

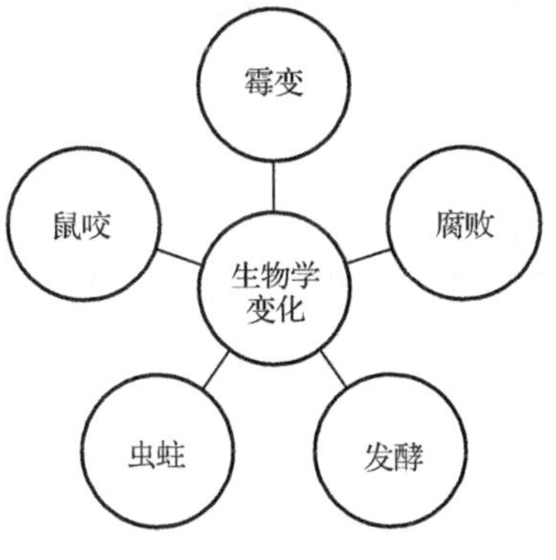

图 7-14 储存商品的生物学变化

1. 霉变

霉菌在商品上生长繁殖而导致商品变质的现象称为霉变。商品霉变的实质是霉菌在商品上吸取营养物质产生排泄物的结果。空气中含有大量肉眼看不见的霉菌孢子，随时会落到商品表面上。一旦商品具有霉菌所需要的营养物质而且温度和湿度又合适，霉菌就会在上面生长，从而导致商品内在质量受到不同程度的破坏。霉菌生长所需要的营养物质主要有含碳物质、含氮物质、水分和无机盐等。含有这些营养物质的商品种类很多，如食品、纺织品、纸张、皮革制品等，因此这些商品很容易发生霉变（见图7-15）。

图7-15　发霉的食物与衣物

2. 腐败

腐败是指腐败细菌分解蛋白质而发生的分解反应。腐败细菌依靠自身分泌的蛋白酶，先把蛋白质分解成氨基酸，除吸收一部分外，其余的被进一步分解成多种有酸臭味和毒素的低分子化合物，并同时分解出硫化氢、氨等有臭味的气体。富含蛋白质的食品比较容易发生腐败，如绝大多数动物性食品和植物性食品中的豆制品等。引起商品霉变和腐败的微生物统称为霉腐微生物，这类微生物属于好氧微生物，必须在有氧气的条件下才能生存，另外也不耐日光暴晒。因此，在储存商品时可采取低温或将湿度控制在65%以下或造成低氧环境等手段，防止商品发生腐败。

3. 发酵

发酵是指某些酵母和细菌作用于糖类和蛋白质而发生的分解反应。严格控制的发酵并不会对食品产生破坏，甚至是生产某些特殊风味食品的主要手段，如酸奶、乳酪、酱油、醋等，因此发酵被广泛应用于食品制造业。但是，若发酵是在空气中自然地发生，则会使商品出现不良气味，失去原有品质，甚至会产生有害物质。酵母和细菌生长与温度有关，因此在储存食品时除应注意密封外，还应保持低温以防止发酵。

4. 虫蛀、鼠咬

储存的商品经常遭受仓库虫蛀和鼠咬，这会造成商品及其包装的损坏，甚至完全丧失使用价值。仓库害虫一般耐热、耐寒、耐饥、耐干，能适应恶劣环境，繁殖能力强，食性广而杂，还具有一定的抗药性。仓库的老鼠多在夜间活动，食性杂，具有咬啮特性，反应灵敏，繁殖能力也较强。由于储存的很多商品富含蛋白质、淀粉、脂肪、纤维素等令害虫、老鼠都喜欢食用的成分，因而极易遭受仓库虫蛀、鼠咬。

（三）储存商品的生理变化

在储存鲜活商品时，由于这类商品具有生命特征，在储存期间会发生一些生理活动，这些生理变化会导致商品质量下降。因此，对储存的鲜活商品进行养护时应熟悉和掌握这些可能导致质量劣变的生理变化。其表现形式主要有动植物性食品商品的呼吸作用、后熟作用、发芽、抽薹、僵直、成熟、自溶等变化。因此，在储存鲜活商品时需要特别注意储存条件。

练一练

搜集日常生活中的十件商品，根据商品特点分组讨论不同种商品可能出现哪些损耗与质变。

____

____

____

第三节 商品养护

情景导入

生活中经常会看到如图 7-16 所示的发霉商品。你知道怎样防止这种现象发生吗？

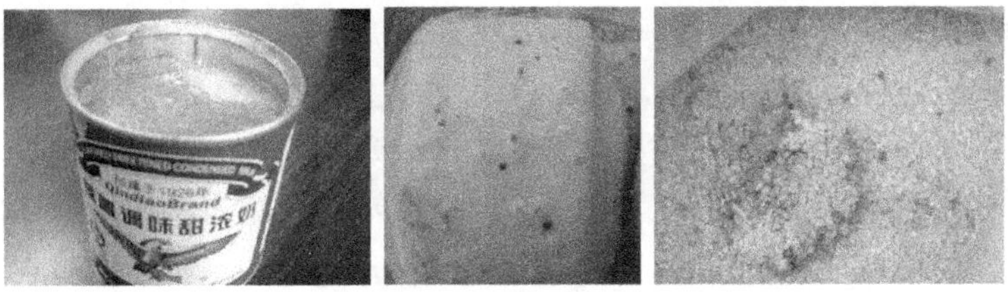

图 7-16 发霉商品

知识链接

商品养护措施主要包括四个方面，如图 7-17 所示。

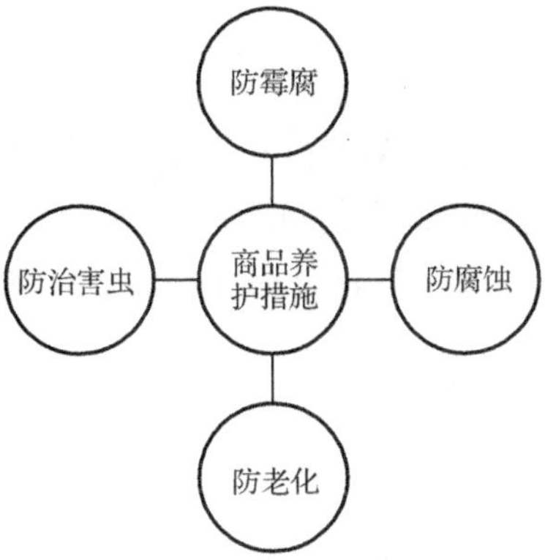

图 7-17 商品养护措施

一、防霉腐的方法

1. 药剂防霉腐

有些商品可采用药剂防霉腐，在生产过程中把防霉腐剂加入到商品中，或把防霉腐剂喷洒在商品体和包装物上，或喷洒在仓库内，可达到防霉腐的目的。防霉腐药剂的选用，应考虑低毒、高效、无副作用、价廉等原则，而且使用过程中必须考虑对人体健康有无影响以及对环境有无污染等。

小知识

用于工业品的防霉腐药剂有三氯酚钠、水杨酰苯胺、多菌灵及洁儿灭等；苯甲酸及其钠盐对人体无害，是国家标准规定的食品防腐剂。托布津对水果、蔬菜有明显的防腐保鲜作用。

2. 气调防霉腐

气调防霉腐方法是指密封条件下，采用缺氧的方法，抑制霉腐微生物的生命活动，从而达到防霉腐的目的。气调防霉腐主要有真空充氮防霉腐和二氧化碳防霉腐两种方法，对好氧性微生物的杀灭具有较理想的效果。

3. 高温或低温防霉腐

霉腐微生物的生长和繁殖都需要一定的温度，研究发现大多数霉腐微生物属于中温性微生物，最适合生长的温度为20～30℃，10℃以下不易生长，在45℃以上停止生长。因此，低温对霉腐微生物的生命活动有抑制作用，能使其休眠或者死亡；高温能使微生物失去生命活动能力。因此采用高温或者低温是储存商品养护中经常使用的方法，当然实际使用中要根据商品的性质来选择高温或低温。

高温防霉腐可以采用晾晒、加热消毒、烘烤等方法；低温有冷却法和冷冻法两种。冷却法是将温度控制在 0～10℃，此时商品不结冰，适用于不耐冰冻的商品；冷冻法是先在短时间内使温度降到-25～-30℃，商品深层温度达-10℃左右，再移至-18℃左右温度下存放。

含水量大的商品尤其是生鲜食品多利用低温达到防霉腐的目的，其中水分含量较高的生鲜食品和短期储存的食品适合采用冷却法，长期存放或远距离运输的生鲜动物食品适合采用冷冻法。

4. 干燥防霉腐

干燥防霉腐指利用干燥或脱水措施降低商品含水量，使其水分含量在安全储存水分之下，抑制霉腐微生物的生理活动，达到防霉腐的目的。这种方法可较长时间保持商品质量，而且商品化学成分变化较小，常用于粮食及各种食品的储藏。两种干燥防霉腐方法的比较如表 7-3 所示。

表 7-3 两种干燥防霉腐方法的比较

方 法	形 式	自然条件	质 量	费 用
自然干燥法	利用日晒、风吹、阴凉等自然条件，使食品脱水干燥	受气候和地区等自然条件的限制	干燥时间长，商品易发生腐败变质现象	经济方便
人工干燥法	利用热风、远红外线、微波等手段，对食品进行脱水干燥	不受气候条件的限制	缩短干燥时间，能保持食品质量和减少损耗	需要一定的设备和技术，能耗较大，费用较高

5. 腌渍防霉腐

腌渍防霉腐是指利用食盐或食糖溶液产生高渗透压和低水分活度，或者通过微生物的正常发酵降低环境 pH 值，抑制有害微生物生长繁殖，进而防止霉腐的一种方法。为了获得商品更好的感官品质，保证食品卫生及营养价值，还常添加适当的调味品、香料、发色剂和抗氧化剂等物质。

6. 辐射防霉腐

辐射防霉腐是指利用穿透力极强的射线照射商品，破坏商品中微生物酶的活性，抑制鲜活食品中微生物的活动，杀灭细菌从而达到防霉腐的目的。辐射防霉腐可以应用于多种商品，但目前对于辐射处理过的食品安全问题还有争论。

二、防治害虫的方法

仓储过程中遭受虫害是引起储藏商品损坏的主要原因之一。害虫对商品的危害是一个动态发展过程，控制仓储环境可以抑制害虫的危害能力从而达到保护储存商品的目的。

商品储存过程中害虫防治工作需遵循“以防为主、防治结合”的基本方针。在商品入库前需要经过严格检查，防止生虫的商品进入仓库，一旦发现害虫必须彻底消灭。对易生虫的商品，在库期间要坚持经常检查，同时保持好环境卫生，减少害虫的入侵、繁殖。

一旦发现仓储害虫可利用化学熏蒸或化学药品进行防治，常用的防治仓储害虫的药品有氯化苦、敌敌畏、硫磺、敌百虫、溴甲烷等。

想一想

你见过哪些商品容易被害虫危害？日常生活中有哪些方法可以防治害虫，防治方法与仓储害虫防治有何异同？

____

____

____

三、防腐蚀的方法

金属和合金因受外界化学或电化学作用而引起破坏的现象称为腐蚀（也称锈蚀）。腐蚀是金属商品损失的重要因素之一，做好金属商品防腐蚀工作是仓储商品养护的一项重要任务。在储存过程中最常用的防腐蚀方法有涂油防锈、气相防锈和可剥性塑料封存三种，见表7-4。

表7-4　三种主要防腐蚀方法比较

主要防腐蚀方法	防腐蚀形式	特点	常用防锈剂
涂油防锈	金属表面涂覆一层油脂薄膜	短期防锈，金属商品会重新生锈	凡士林、黄蜡油、机油和防锈油
气相防锈	利用挥发性气相防锈剂在金属制品周围挥发出缓蚀气体。	使用方便、封存期长，使用范围广	亚硝酸二环己胺、肉桂酸、福尔马林
可剥性塑料封存	用高分子合成树脂制成的塑料喷涂于金属表面，形成可以剥落的塑料薄膜。	防锈期长	聚乙烯树脂、过氯乙烯树脂

四、防老化方法

高分子商品老化有其内因和环境因素，因此防老化应从这两方面着手。

1. 提高商品自身抗老化作用

在商品生产加工过程中采用特殊方法如改进聚合和成型加工工艺来提高高分子材料本身对外界因素的抵抗能力，也可以添加防老化剂或采用物理防护等措施提高商品耐老化性能。

2. 控制仓储中引起老化的因素

针对具体商品的性能特点，控制影响老化的各种因素，例如妥善包装、控制温度、防止日晒、合理堆码等，采用一系列防老化措施做好储存商品养护。

小知识

（1）以木、竹、藤为原料的商品，可采取火烤、沸水烫、蒸汽等方法，杀灭隐藏的害虫；对一些易遭虫蛀的商品，可在其包装或货架内投放驱避药剂，如樟脑。

（2）为防止商品储存时老化，商品要妥善包装、合理堆码、库房要清洁、干燥、凉爽、门窗玻璃应刷上白色，以避免阳光直射，不与腐蚀性商品、油类及含水量大的商品同库存放。

小实践

走访附近的大型超市，观察店内有哪些生鲜商品，这些商品都用了什么样的保鲜措施？利用网络，搜寻生鲜食品（果蔬、肉类、水产品）的保鲜措施，分组讨论各种措施的优缺点及适用对象。

____

____

____

知识拓展

日常商品养护

人们所熟悉的烟酒、糖茶、服装鞋帽、医药、化妆品、家用电器以及节日燃放的烟花爆竹等，有的怕潮、怕冻、怕热，还有的易燃、易爆。影响储存商品质量变化的因素很多，其中一个重要的因素是空气的温度。有的商品怕热，如油毡、复写纸、各种橡胶制品及蜡等，如果储存温度超过要求（30～35℃）就会发黏、熔化或变质。有的商品怕冻，如医药针剂、口服液、墨水、乳胶、水果等，会因库存温度过低而冻结、沉淀或失效。例如，苹果储藏在1℃时比储藏在 4～5℃时的寿命延长 1 倍。但储藏温度过低，可引起果实冻结或生理失调，也会缩短储藏寿命。

影响储存商品质量变化的另外一个重要因素是空气的湿度。由于商品本身含有一定的水分，如果空气相对湿度超过 75%，吸湿性的商品就会从空气中吸收大量的水分而使含水量增加，这样就会影响到商品的质量。例如，食盐、麦乳精、洗衣粉等出现潮解、结块，服装、药材、糕点等生霉、变质，金属生锈。但空气相对湿度过小（低于 30%），也会使一些商品的水分蒸发，从而影响商品质量。例如，皮革、香皂、木器家具、竹制品等的开裂，甚至失去使用价值。

讨论：

1. 影响商品质量的因素有哪些？
2. 你知道哪些日常生活用品的养护小窍门？
3. 商品养护应该从哪几个方面着手？

练习与自测

一、判断题

1. 商品养护的主要原则是“以防为主，防治结合，防重于治”。（　　）
2. 商品发生霉变时，商品的化学成分不发生变化。（　　）
3. 增加光照可以防止商品老化。（　　）
4. 在商品储运期间，只要商品质量发生变化，就会导致商品质量下降。（　　）
5. 商品堆码要科学、标准，应当符合经济第一、节约仓容的原则。（　　）

6. 商品霉腐往往伴有发热的现象。（　　）
7. 属于吸湿性的易溶性商品有：棉花、食糖、食盐、合成洗衣粉。（　　）

二、单项选择题

1. 下列商品在存储中最易吸附异味的是（　　）。
   A. 橡胶制品　B. 化学纤维　C. 水果　D. 茶叶
2. 引起商品变质的主要原因是（　　）。
   A. 潮湿　B. 温度　C. 干燥　D. 灰尘
3. 属于化学变化的是（　　）。
   A. 挥发　B. 熔化　C. 水解、分解　D. 黏结
4. 霉变是指由于（　　）在商品上生长繁殖而导致商品变质的现象。
   A. 野生酵母　B. 腐败细菌　C. 寄生细菌　D. 霉菌
5. 下列储存商品中，对于（　　）要特别注意控制仓库温度，以防其挥发。
   A. 圆珠笔芯　B. 食盐　C. 肥皂　D. 白酒
6. （　　）是金属商品的重要损坏形式。
   A. 老化　B. 氧化　C. 分解　D. 腐蚀

三、多项选择题

1. 对容易发生霉变的商品，应储存在（　　）的环境中。
   A. 低温　B. 低氧　C. 低湿　D. 高温
2. 储存中的商品可能发生（　　）等方面的质量变化。
   A. 物理　B. 化学　C. 生化　D. 生物因素
3. 防腐霉方法有（　　）等。
   A. 药剂　B. 气相　C. 气调　D. 低温
   E. 干燥
4. （　　）适用于加热灭菌防霉腐。
   A. 牛奶　B. 水果　C. 罐头　D. 鲜肉
5. 通过以下哪种途径可以防止商品霉腐，（　　）。
   A. 提高商品本身的防腐能力　B. 破坏霉腐微生物的生长条件
   C. 抑制霉腐微生物生长繁殖　D. 杀灭霉腐微生物
6. 一旦发现仓虫，应立刻采取（　　）进行防治。
   A. 物理防治法　B. 化学防治法　C. 驱虫剂　D. 杀虫剂
7. 下列物品不宜一起储存的是（　　）。
   A. 大米与面粉　B. 茶叶与食糖
   C. 饼干与樟脑丸　D. 卷烟与化妆品

四、案例分析

生鲜食品的库存养护是指鲜蛋、蔬菜、水果、速冻食品（如水饺、汤圆等）储存在商品高温冷藏仓库（又称冷风库）中，库温一般控制在-1～5℃之间。生鲜食品入库前应做好仓间消毒。仓间消毒采用紫外线、抗霉剂、消毒剂 3 种。对于冷库内使用的工具、设备及操作人

员穿戴的工作服、工作帽等，可用紫外线辐射杀菌消毒，也可用 10%～20%的漂白粉溶液或2%的热碱水或双氧水消毒。

仓库内发现有异味，可采用臭氧办法消毒，或用 2%甲醛水溶液、5%～10%醋酸、5%～20%的漂白粉溶液消除异味。

为了避免和防止鲜活易腐、易烂、易变质的生鲜食品在超市中被损失或损耗，在储存方面应采用多种保鲜、养护手段和科学方法，如目前应用的冷藏储存、气调储存、脱氧储存、辐射储存、臭氧杀菌储存、涂膜储存等，确保生鲜食品在储存期的安全，保护其质量和使用价值；要做到减少不必要的环节和避免反复翻动；要贯彻“先进先出”和“质差先出”的原则，严把保管期。

分析：生鲜食品应如何科学养护？

第八章　食品商品管理

任务目标

- 掌握食品商品的化学成分和营养物质特性及生理功能
- 学会分析和评价食品的营养价值
- 熟悉并了解茶叶、饮料、酒、乳及乳制品的分类及特性，增强感性认识

第一节　食 品 概 述

情景导入

“开门七件事：柴米油盐酱醋茶”“人是铁，饭是钢，一日不吃饿得慌，三日不吃倒在床，七日谷水不进见阎王”“民以食为天，食以安为先”。你知道这些古语谚语都是什么意思吗？为什么“食”如此重要呢？

知识链接

一、食品的定义

食品是指各种供人食用或者饮用的成品和原料，以及按照传统既是食品又是药品的物品，但是不包括以治疗为目的的物品。广义的食品指人类赖以生存的可以食用的营养物品总称。狭义的食品指以农产品、畜产品和水产品为主要原料的食用品。

二、食品的营养成分

因为食品商品的营养成分决定食品的营养价值，而且与食品的性质和质量变化有着密切的关系，所以食品的营养成分是研究食品质量和储存的重要内容。食品主要的营养成分有糖类、蛋白质、脂类、维生素、矿物质、水分等，如图 8-1 所示。由于食品来源不同，性质等有所区别。

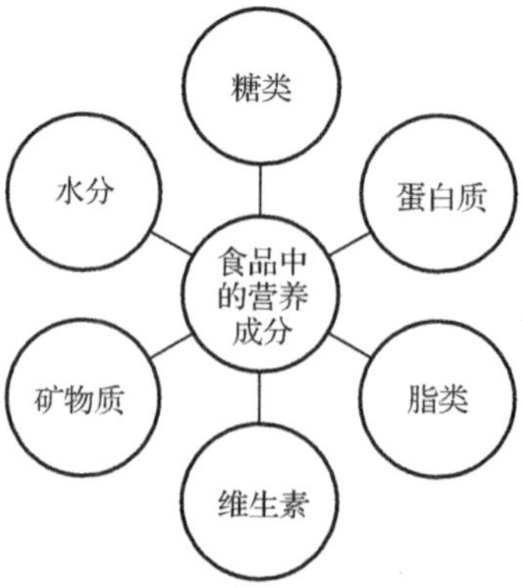

图 8-1　食品中的营养成分

1. 糖类

糖类又称碳水化合物，广泛存在于动植物体内，是自然界存在最多的一类有机物。糖类在人体内除少量粗纤维不能被消化外，大部分都能被人体利用产生热量，是食品中比较经济的热量来源。目前，我国居民膳食中来自糖类的能量占60%～70%。糖类由C、H、O三种元素组成，按其分子结构可分为单糖、双糖和多糖。

① 单糖

单糖是不能被水解的最简单的碳水化合物，它能被人体直接利用。单糖的种类有葡萄糖、果糖和半乳糖三种，它们的分子式均为 $C_6H_{12}O_6$。葡萄糖广泛存在于果品、蔬菜、粮食等植物性食品中，动物血液中也含有一定的葡萄糖。果糖是糖类中最甜的糖，甜度为蔗糖的1.15～1.5倍，它广泛存在于瓜果中，尤其在蜂蜜中含量较多，动物性食品中不含果糖。果糖在人体内能转化为葡萄糖被吸收。半乳糖可由动物乳品中的乳糖经水解以后产生，半乳糖进入人体中可转化为葡萄糖被吸收，并且促进人体内钙的吸收，所以对婴幼儿和老人非常有益。

② 双糖

双糖是能被水解为两个单糖分子的碳水化合物。食品中主要的双糖有蔗糖、麦芽糖和乳糖，它们的分子式均为 $C_{12}H_{22}O_{11}$。蔗糖是食糖的主要成分，易溶于水，在酸和酶的作用下可水解生产等量的葡萄糖和果糖混合物，称为转化糖。麦芽糖易溶于水，具有温和的甜味，甜度低于葡萄糖、半乳糖，水解可生成葡萄糖。乳糖主要存在于动物的乳汁中，人乳中含5%～7%，牛乳中含 5%。乳糖经人体肠道中存在的乳糖水解酶水解为半乳糖和葡萄糖。有些人肠道中乳糖酶活性不强，食用乳品后消化不良易发生过敏反应。双糖不能被直接吸收，只有被消化和水解成单糖，才能被人吸收。

③ 多糖

多糖是由许多单糖分子缩合而成的较复杂的糖。食品中常见的多糖有淀粉、糖原、半纤维素和纤维素，它们的分子式为（$C_6H_{10}O_5$）$_n$。

淀粉：是我国居民饮食中热量的主要来源，淀粉在谷类、豆类、薯类中含量最多，淀粉有吸湿性，不溶于水，没有甜味，也不能直接被人体吸收。

糖原：又称动物淀粉，大多存在于动物肝脏、肌肉和贝类中，软体动物中含量较高。人体吸收的葡萄糖，除用于正常的热量消耗外，多余的可转化为糖原，储存于肝脏中，需要时在经酶作用下分解为葡萄糖以解决人体热量供应的不足。

纤维素和半纤维素：统称为粗纤维，是植物细胞壁的主要成分。人因缺乏分解粗纤维的酶而不能消化吸收粗纤维。粗纤维在营养上没有利用价值，但适量的粗纤维可刺激肠壁分泌消化液和肠胃蠕动，有助于食物的消化吸收，也有利于废物的排泄。人们适量使用含粗纤维高的蔬菜和水果，不仅能帮助人体消化，而且可防止便秘和废物中有毒物质积累诱发的直肠癌，对降低血糖过高时引起的糖尿病有一定的效果。

2. 蛋白质

蛋白质是由多种不同的氨基酸构成的天然高分子化合物。蛋白质由C、H、O、N这4种元素组成，多数蛋白质还含有Fe、Mn、Zn、I等。通常，蛋白质必须在人体内蛋白质酶水解（消化）为各种氨基酸后，经血液输送到人体各部分组织，再重新合成人体所需要的各种蛋白质。食品中的蛋白质含有20多种氨基酸，其中有8种是人体不能合成而必须从饮食中获得的，称为必需氨基酸，另一些可以由其他氨基酸在人体内转化而获得，称为非必需氨基酸。食品中能提供氨基酸的含量直接决定着食品中蛋白质的质量。

蛋白质在生命活动中的作用包括：

① 构成和修补人体组织：人体每天约有 3%的蛋白质参与代谢。

② 调节体液和维持酸碱平衡：摄入蛋白质不足，血浆蛋白浓度降低，渗透压下降，水无法全部返回血液循环系统而积蓄在细胞间隙内，会出现水肿。

③ 合成生理活性物质：许多激素和胰岛素、肾上腺素、甲状腺素等都是含氮物质，必须有足够的蛋白质供给。

④ 增强免疫力：免疫物质如白细胞、抗体、补体的合成都需要充足的蛋白质。

⑤ 提供能量：人体总能量的 11%～14%由蛋白质提供。

想一想

你知道哪些人群需要特别补充蛋白质？他们可以通过食用哪些食品来补充？

____

____

____

3. 脂类

脂类是脂肪和类脂的总称。

脂肪由甘油和三分子脂肪酸组成，占体内总脂量的 95%左右，是体内热量的重要储存库。类脂包括固醇类、脂类和糖脂，在生物体内主要维持正常生物膜的结构和功能，是机体各器官组织，尤其是神经组织的基本组成成分。

脂类的生理功能：

① 提供能量：每克脂肪在体内氧化产生 37.6kJ 的能量。

② 构成机体组织：机体皮下储存一定量的脂肪，它具有保温、隔热、滋润皮肤、支持周围组织的作用。

③ 提供必需脂肪酸。

④ 促进胆汁的分泌，有利于体内脂溶性维生素的消化吸收。

⑤ 改善食品感官性状：外观呈现光滑、柔软，食用时口感细腻。

4. 维生素

维生素是维持人体正常生命活动所必需的一类低分子有机化合物，在机体代谢、生长发育过程中起重要作用。

维生素共同特点：存在于天然食物中；参与体内代谢过程的调节控制，但非机体结构成分；一般不能在体内合成，或合成量很少，不能满足机体需要，必须由食物不断供给；人体只需少量（通常以毫克、微克计）即可满足生理需要，但绝不能缺少，否则可引起相应的维生素缺乏症。

维生素的化学结构各不相同，性质特点也差异很大，根据维生素的溶解性分为脂溶性维生素和水溶性维生素两大类。

脂溶性维生素只能溶解在油脂中，主要有维生素 A、维生素 D、维生素 E 及维生素 K 等，如表 8-1 所示。胡萝卜素在人体内能转换成维生素 A，被称为维生素 A 原。

表 8-1　主要脂溶性维生素

脂溶性维生素	作　用	食物来源
维生素 A	预防夜盲症；维持上皮细胞组织健康；促进生长发育；增加对传染病的抵抗力；预防和治疗干眼病	动物肝脏、蛋黄、乳品，蔬菜中胡萝卜、西红柿、菠菜、南瓜等
维生素 D	调节人体内钙和磷的代谢，促进吸收利用，促进骨骼成长	多存在于鱼肝油、蛋黄、乳制品、酵母中
维生素 E	预防不育症，减缓衰老，防止肌肉萎缩，能使皮肤保持弹性，还能预防老年斑	植物油、坚果以及全谷物食品中含量丰富
维生素 K	促使肝脏制造凝血酶原，促进止血	多存在于菠菜、黄豆、鱼肉中

水溶性维生素能溶于水，主要有维生素 B 族及维生素 C，如表 8-2 所示。

表 8-2　主要的水溶性维生素

水溶性维生素	作　用	食物来源
维生素 B_1	防止神经炎和脚气病；增进食欲，促进生长发育	谷类、豆类、猪肉、蛋类等
维生素 B_2	促进机体内氧化还原作用，预防脱发、口角溃疡、角膜炎等	多存在于酵母、肝脏、豆类、蛋类中
维生素 B_6	在蛋白质代谢中起重要作用。治疗神经衰弱、眩晕、动脉粥样硬化等	多存在于酵母、肝脏、谷物，蜂王浆中含量丰富
维生素 C	对毛细血管壁的各个细胞间有黏合功能；预防和治疗坏血病；促进伤口愈合；增加抗体，增强抵抗力	多存在于新鲜水果、蔬菜中，尤其酸味水果中含量丰富

5. *矿物质*

矿物质是一个总称，它是除碳、氢、氧、氮四种元素以外的人体所需的各类元素。其中，含量大于 0.01%的称为常量元素，有钙、镁、钾、钠、磷、硫、氯 7 种；含量小于 0.01%的称为微量元素，一般有铁、锌、碘、硒、氟、铜、钼、锰、铬、镍、钒、锡、硅、钴 14 种。

虽然矿物质在人体内的总量不及体重的 5%，也不能提供能量，可是它们在人体组织的生理作用中发挥重要的功能。如钙、磷、镁是构成骨骼、牙齿的主要原料，若缺乏则可能引起骨骼或牙齿不坚固；缺镁可能引起肌肉疼痛；缺铁可能引起贫血；缺乏铁、钠、碘、磷可能引起疲劳；缺碘可能引起大脖子病等。在我国人群中比较容易缺乏的矿物质有钙、铁、锌。在特殊的地理环境和特殊生理条件下，也存在碘、氟、硒、铬等缺乏的可能。

矿物质在体内不能自行合成，必须由外界环境供给。并且，矿物质在人体内都有适宜的浓度范围，在该范围内有益于人体正常的生理活动和保持健康，缺乏或摄入量过多都会导致疾病的发生和发展。矿物质是构成机体组织的重要原料。

6. *水分*

水分没有营养价值，但它直接参与人体各种生理活动，包括营养成分的消化、吸收和运送、人体组织的完善和更新、废物的排泄以及体温的调节平衡等。正常情况下，成人每天需水 2L 左右，其中 60%来自饮用水，40%来自食品中水分和营养成分消化时产生的代谢水。

动植物食品中都含有不同数量的水分，几种常见食品的含水量如表 8-3 所示。

表 8-3　几种常见食品的含水量

食品	面包	米饭	鱼	肉	鸡蛋	蔬菜	水果
含水量	30%～70%	65%	48%～50%	60%～70%	75%	90%～96%	76%～89%

食品中的水分有两种存在形式：部分水分与胶体物质（蛋白质、淀粉等）结合在一起，称为结合水，它不能溶解溶质，0℃时也不结冰；没有被束缚的水分，称为自由水或游离水，其性质与普通水相同。微生物生长和繁殖只能利用自由水，所以食品的耐储藏性就与其含有自由水的比例息息相关。

练一练

想一想你日常吃的早餐，试分析不同种早餐都含有哪些营养成分，小组讨论如何搭配早餐才能健康又营养。

第二节　茶　　叶

情景导入

中国是茶的故乡，中国人最早发现茶的用途，最早开始饮茶、种茶。人们常说，开门七件事：柴、米、油、盐、酱、醋、茶。可见，茶早已深入人们的日常生活，我国的茶文化源远流长。那么，你知道图 8-2 中的茶叶属于哪一种吗？

图 8-2　不同种类的茶叶

知识链接

一、茶叶的化学成分及对人体的作用

（一）茶叶的化学成分

据分析鉴定，茶叶含有300多种化学成分，主要成分如图8-3所示。其中决定茶叶的色、香、味的主要是茶多酚、生物碱和芳香油。

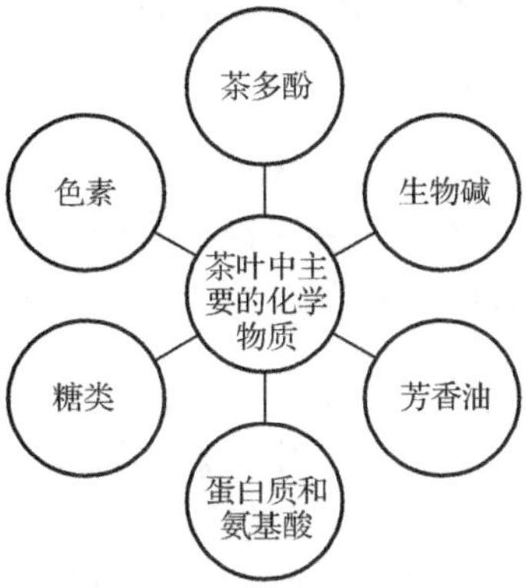

图8-3　茶叶中主要的化学成分

1. 茶多酚

茶多酚是形成茶叶色香味的主要成分之一，也是茶叶中有保健功能的主要成分之一。它含量高、分布广、变化大，对茶叶品质的影响最显著。

茶多酚约占鲜叶干物质总量的1/3，占茶汤浸出物总量的3/4，性质极其活泼，容易在外界条件下发生一系列化学反应，生成一些新的化学物质，影响着各类茶叶的品质，所以茶多酚的氧化程度是各种茶分类的重要依据之一。

茶多酚是茶叶中水溶性色素的主要部分，是茶汤色泽的主体，也参与干茶色泽的组成；同时，引起茶叶中涩味的主要成分是多酚类化合物及其氧化产物、醛、铁等物质，其中儿茶素类在涩味的呈现里起到尤为重要的作用。

2. 生物碱

生物碱在古希腊时就被认为是能治疗疾病的物质，是最古老的药物之一。茶叶中主要含有咖啡碱、可可碱、茶叶碱这三种生物碱，均具有兴奋中枢神经的功效。其中以咖啡碱的含量最高，一般为干重的2%～4%，是茶叶的特征性化学物质之一。

茶叶中的咖啡碱对茶叶滋味的形成有重要作用。茶汤中若咖啡碱过多，则茶汤具有苦味。红茶茶汤中，咖啡碱可以与茶红素、茶黄素等形成络合物，产生“冷后浑”现象，冷后浑的形成能力与咖啡碱的浓度呈正相关关系，此现象也是衡量红茶品质优良的指标之一。

3. 芳香油

茶叶的香气是多种芳香物质的综合反映，香气的形成和浓淡既受不同茶树品种、采摘季节、叶质老嫩的影响，也受不同制茶工艺和技术影响。

茶叶中芳香物质的含量虽然不多，但种类极其复杂。据分析，通常茶叶中含有的香气成分化合物达 700 余种，它们有的是红茶、绿茶、鲜叶共有的，有的是各自分别独具的。芳香油因茶树栽培个体差异，其组成也有很大不同。并且，幼芽嫩叶制成的茶，其芳香油含量高。芳香油易挥发，其特点是温度越高，挥发得越快；保管时间越长，挥发得越多，因而陈茶不香。

4. 蛋白质和氨基酸

茶叶中含有较多的蛋白质，为干茶叶的 17%～20%，除蛋白质外还有一定氨基酸，包括茶氨酸、谷氨酸和天门冬氨酸。茶氨酸具有鲜味和焦糖味，谷氨酸具有鲜味，这些氨基酸是构成茶汤的鲜味物质。不同季节和不同部位的鲜叶的氨基酸含量不尽相同，一般春茶和嫩芽中的氨基酸含量明显高于夏秋茶和老叶。

5. 糖类

茶叶中糖类占干茶叶的 20%～30%，有单糖、双糖及淀粉、纤维素、果胶质等多糖。单糖和双糖能使茶汤具有甜醇味，有助于提高茶香。可溶性果胶质可以使茶汤具有醇厚感。

6. 色素

鲜叶中的色素主要有叶绿素、花黄素、叶黄素、胡萝卜素，其中叶绿素含量较高。绿茶的色素物质主要是叶绿素，故茶绿、汤绿、底绿。红茶的色素主要是儿茶素氧化物茶青素和茶红素，故茶红、汤红和底红。茶树种类不同，叶绿素含量差异较大，一般来说，叶绿素含量高的鲜叶适制绿茶，叶绿素含量低的鲜叶适制红茶。

（二）饮茶对人体的作用

世界卫生组织调查了许多国家的饮料优劣情况，最终认为：茶为人们的最佳饮料。据科学测定，茶叶含有蛋白质、脂肪、10 多种维生素，还有茶多酚、咖啡碱、脂多糖等近 300 种成分，具有调节生理功能，发挥多方面保健和药理作用。

茶不仅具有提神清心、驱热解暑、消食化痰、去腻减肥、清心除烦、解毒醒酒、生津止渴、降火明目及止痢除湿等药理作用，还对辐射病、心脑血管病、癌症等疾病有一定的药理功效。茶汤有类似胃液的效果，能助消化，也能缓和肠胃的紧张，加强小肠的运动，胆汁、胰液和肠腺分泌也随着提高。因此，饭后饮茶有助消化的作用，可减轻食后不适。可见，茶药理功效之多、作用之广，是其他饮料无可替代的。

茶虽是健康饮料，但与其他任何饮料一样，也得饮之有度。如果不得法，则有损人体健康。

（三）饮茶常识

1. 泡茶的茶具

现在通用的茶具有瓷器、陶器（主要是紫砂器）、玻璃、塑料。在冲泡红茶和乌龙时最好选用陶器，因为从品茶的角度来看，以瓷器和陶器最好，其保温性好，沏茶能获得较好的色香味，且造型美观，具有艺术欣赏价值。但冲泡绿茶特别是碧螺春和银针时则应用玻璃茶具，可见杯中轻雾缥缈、澄清碧绿及朵朵茶芽之美态。至于搪瓷、塑料茶具，虽有轻便、耐用之优点，但一般为了解渴而临时使用。

2. 水的温度

泡茶水温的掌握主要视泡饮什么茶而定。绿茶，特别是各种芽叶细嫩的，如银针和毛尖不能用100℃的沸水冲泡，一般以80℃为宜。泡饮各种花茶、红茶则用100℃沸水冲泡为宜。

3. 茶叶的存放

采用先进的保鲜技术，能保证茶叶长时间不变质。但最好的保存条件是在室温、避光、无异味的环境中保存。为了避免茶叶吸收异味，切忌将茶叶与有严重异味的物质放在一起，如樟脑丸、香皂、香水、香烟等都不宜与茶叶混放。新买来的茶叶筒罐，其筒内金属表面常有一层油脂，必须擦净晾干，再以少量废茶擦过，除去异味后才能装茶叶。

4. 饮茶与服药

在多数情况下，不主张用茶水服药，茶叶中含有的咖啡因具有兴奋作用，茶叶中的多酚类可与某些药物成分结合，降低其活性。一般认为，服药后2小时内停止饮茶。然而，服用维生素类药物、兴奋剂、利尿剂、降血脂、降血糖、升白类药物时，一般可用茶水送服。例如，服用维生素C后饮茶，绿茶中含有丰富的儿茶素，可以帮助维生素C在人体内的吸收和积累。而且茶叶本身具有兴奋、利尿、降血脂、降血糖、升白等功能，服用这类药物时，茶水有增效作用。

二、茶叶的种类

据统计，中国茶叶有6000多个品种，按制作方式可分为大三类，即不发酵茶、半发酵茶、全发酵茶。按商品可分为六大类，即绿茶、红茶、乌龙茶（青茶）、白茶、黄茶、黑茶。

1. 绿茶

绿茶，又称不发酵茶。是以适宜茶树新梢为原料，经杀青、揉捻、干燥等典型工艺过程制成的茶叶。其干茶色泽和冲泡后的茶汤、叶底以绿色为主调，故命名为绿茶。

绿茶的特性：较多保留了鲜叶内的天然物质。其中茶多酚、咖啡碱保留鲜叶的85%以上，叶绿素保留50%左右，维生素损失也较少，从而形成了绿茶“清汤绿叶、滋味收敛性强”的特点。最新科学研究结果表明，绿茶中保留的天然物质成分，对防衰老、防癌、抗癌、杀菌、消炎等均有特殊效果，为其他茶类所不及。

2. 红茶

红茶与绿茶的区别在于加工方法不同。红茶加工时不经杀青，而且萎凋，使鲜叶失去一部分水分，再揉捻（揉搓成条或切成颗粒），然后发酵，使所含的茶多酚氧化变成红色的化合物。这种化合物一部分溶于水，另一部分不溶于水，而积累在叶片中，从而形成红汤、红叶。红茶主要有小种红茶、工夫红茶和红碎茶三大类。

3. 乌龙茶（青茶）

该茶属半发酵茶，即制作时适当发酵，使叶片稍有红变，是介于绿茶与红茶之间的一种茶类。它既有绿茶的鲜浓，又有红茶的甜醇。因其叶片中间为绿色，叶缘呈红色，故有“绿叶红镶边”之称。

4. 白茶

白茶是我国的特产。它加工时不炒不揉，只将细嫩、叶背布满茸毛的茶叶晒干或用文火烘干，而使白色茸毛完整地保留下来。白茶主要产于福建的福鼎、政和、松溪和建阳等县，有“银针”“白牡丹”“贡眉”“寿眉”几种。

5. 黄茶

在制茶过程中，经过闷堆渥黄，因而形成黄叶、黄汤。分为“黄芽茶”（包括湖南洞庭湖君山银芽，四川雅安、名山县的蒙顶黄芽，安徽霍山的霍内芽）、“黄小茶”（包括湖南岳阳的北港毛尖、湖南宁乡的沩山毛尖、浙江平阳的平阳黄汤、湖北远安的鹿苑）、“黄大茶”（包括的大叶青、安徽的霍山黄大茶）三类。

6. 黑茶

原料粗老，加工时堆积发酵时间较长，使叶色呈暗褐色。黑茶是藏、蒙、维吾尔等少数民族不可缺少的日常必需品。有“湖南黑茶”“湖北老青茶”“广西六堡茶”、四川的“西路边茶”“南路边茶”、云南的“紧茶”“扁茶”“方茶”和“圆茶”等品种。

练一练

不同种类的茶叶，其外形、冲泡后香气、汤色、滋味、叶底以及对人体健康的影响都有很大差别，上网搜集或阅读相关书籍资料，选出你最喜欢的一种茶，详述它外形和冲泡后的特点，教大家辨识该种茶的优劣并说出你喜欢的理由和该种茶的适饮人群。

____

____

____

第三节　饮　　料

情景导入

很多人都爱喝饮料，有些人认为果汁等饮料的营养更丰富，甚至代替水饮用。但是，医生指出，长期用饮料代替水对身体危害极大，尤其是碳酸饮料，不仅含糖量高，损伤牙齿，还会刺激胃液分泌，导致胃酸过多，破坏胃黏膜，并导致身体大量钙流失造成多种疾病。

知识链接

一、饮料的定义

饮料是指以水为基本原料，由不同的配方和制造工艺生产出来，供人或牲畜直接饮用的液体食品。饮料除提供水分外，由于在不同品种的饮料中含有不等量的糖、酸、乳、钠、脂肪、能量以及各种氨基酸、维生素、无机盐等营养成分，因此有一定的营养。

饮料一般可分为含酒精饮料和不含酒精饮料（又称软饮料）。酒精饮料是指供人们饮用且乙醇（酒精）含量在 0.5%～0.65%之间的饮料，包括各种发酵酒、蒸馏酒及配制酒。无酒精饮料是指酒精含量小于 0.5%，以补充人体水分为主要目的的流质食品，包括固体饮料。

二、饮料的种类

以下仅介绍无酒精饮料的种类。

1. 碳酸饮料

碳酸饮料指在一定条件下充入二氧化碳气体的软饮料，不包括由发酵法自身产生二氧化碳的饮料，其成品中二氧化碳容量（20℃时容积倍数）不低于 2.0 倍。该饮料分为果汁型、果味型、可乐型、其他型。

果汁型是指原果汁含量不低于 2.5%的碳酸饮料，如橘子汽水、菠萝汁汽水等。果味型是指以食用香精为主要赋香剂、原果汁含量低于 2.5%的碳酸饮料，如柠檬汽水、橙汁汽水等。可乐型碳酸饮料简称“可乐”，是用可乐果、柠檬酸、糖、焦糖色及香料等调制而成的一种饮料。其色泽为黑褐色，无沉淀物，酸甜适口，风味独特。世界最著名的品牌有可口可乐和百事可乐。苏打水也属于一种碳酸饮料，是在经过纯化的饮用水中压入二氧化碳，并添加甜味剂和香料的饮料。苏打水是碳酸氢钠元素的水溶液，含有弱碱性，医学上外用可消毒杀菌，内服可综合人体内的酸碱平衡，改变酸性体质，如不及时饮用，二氧化碳会很快挥发。

2. 果汁饮料

果汁饮料是用新鲜或冷藏水果为原料，经加工制成的饮品，如图 8-4 所示。它也可以细分为果汁饮料、果浆饮料、浓缩果浆、果肉饮料、果粒果汁饮料、水果饮料浓浆、水果饮料等类型。

a—果粒果汁饮料　　b—果汁饮料　　c—果浆饮料

图 8-4　不同种类的果汁饮料

3. 蔬菜汁饮料

蔬菜汁及蔬菜汁饮料（品）类是用新鲜或冷藏蔬菜（包括可食的根、茎、叶、花、果实，食用菌，食用藻类及蕨类）等为原料，经加工制成的饮品。蔬菜汁及蔬菜汁饮料（品）类也可以分为蔬菜汁饮料、复合果蔬汁、发酵蔬菜汁饮料、食用菌饮料、藻类饮料、蕨类饮料等，如图 8-5 所示。

a—蔬菜汁饮料　　b—复合果蔬汁　　c—蕨类饮料

图 8-5　不同种类的蔬菜汁饮料

4. 含乳饮料

含乳饮料是以鲜乳或乳制品为原料，未经发酵或经发酵后，加入水或其他辅料调制而成的液状饮品。包括：乳饮料—蛋白质≥1.0%（m/v）；乳酸菌类乳饮料—蛋白质≥1.0%（m/v）；乳酸饮料—蛋白质≥0.7%（m/v）；乳酸菌类饮料—蛋白质≥0.7%（m/v）

5. 植物蛋白饮料

植物蛋白饮料如图 8-6 所示，是指用蛋白质含量较高的植物的果实、种子、核果类和坚果类的果仁等与水按一定比例磨碎、去渣后，加入配料制得的乳浊状液体饮品，其成品蛋白质含量不低于 0.5%（m/v）。它可分为：豆乳饮料、椰子乳（汁）饮料、杏仁乳（露）饮料、其他植物蛋白饮料等。

a—杏仁露　　b—核桃露　　c—椰子汁

图 8-6　不同种类的植物蛋白饮料

6. 茶饮料

茶饮料是用水浸泡茶叶，经抽提、过滤、澄清等工艺制成的茶汤或在茶汤中加入水、糖液、酸叶剂、食用香精、果汁或植（谷）物抽提液等调制加工而成的饮品，如图 8-7 所示。

它包括茶汤饮料、茶汁饮料、果汁茶饮料、果味茶饮料及其他茶饮料。

a—果味茶饮料　　b—茶汤饮料　　c—茶汁饮料

图 8-7　不同种类的茶饮料

7. 瓶装饮用水

瓶装饮用水是密封于塑料瓶、玻璃瓶或其他容器中不含任何添加剂、可直接饮用的水。饮用天然矿泉水：从地下深处自然涌出的或经人工揭露的、未受污染的地下水。它含有一定量的矿物盐、微量元素或二氧化碳气体，在通常情况下，其化学成分、流量、水温等动态在天然波动范围内相对稳定。

8. 固体饮料

固体饮料是用糖（或不加糖）、果汁（或不加果汁）、植物抽提物或其他配料为原料，加工制成粉末状、颗粒状或块状的经冲溶后饮用的制品，其成品水分小于 5%（m/m）。固体饮料又可分为：果香型固体饮料、蛋白型固体饮料及其他型固体饮料，如图 8-8 所示。

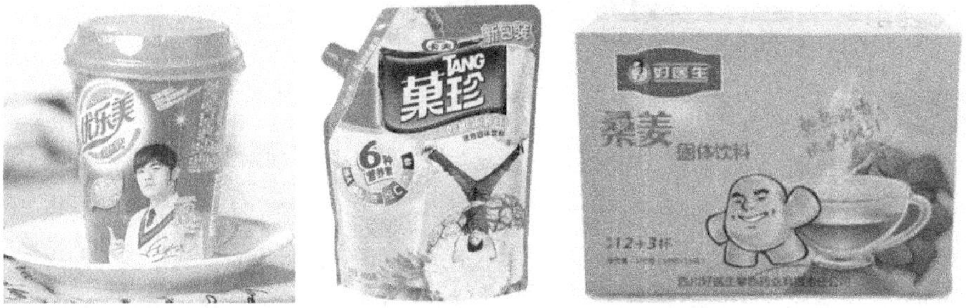

图 8-8　不同种类的固体饮料

9. 特殊用途饮料

特殊用途饮料是通过调整饮料中天然营养素的成分和含量比例，以适应某些特殊人群营养需要的制品，如图 8-9 所示。这个大类包括运动饮料、营养素饮料和其他特殊用途饮料三大类。

图 8-9　特殊用途饮料

小实践

说出五种你最常喝的饮料，分析它们都属于什么类别，仔细查看饮料包装上的营养成分表，试分析不同种饮料的营养特点。

饮料名称	所属类别	营养成分	营养特点（适宜人群）

____

____

____

第四节 酒　类

情景导入

酒是人类生活中的主要饮料之一。中国制酒源远流长，品种繁多，名酒荟萃，享誉中外。黄酒是世界上最古老的酒类之一，约在三千多年前，商周时代，中国人独创酒曲复式发酵法，开始大量酿制黄酒。约一千年前的宋代，中国人发明了蒸馏法，从此，白酒成为中国人饮用的主要酒类。酒渗透于整个中华五千年的文明史中，从文学艺术创作、文化娱乐到饮食烹饪、养生保健等各方面都占有重要的位置。你对酒及酒文化了解多少？

知识链接

一、酒的定义

酒是使用粮食、水果等含有糖分或淀粉的物质，经过发酵、蒸馏、陈酿而成，含有乙醇带刺激性的饮料。食用酒是一种保健饮料，能促进血液循环，通经活络，祛风湿。医用酒精用于伤口消毒，无水乙醇用于化学试剂、化学分析和科学实验，工业酒精用于燃料和化工行业生产各种化工产品。

二、酒的分类

酒有多种分类方法，可以通过制作工艺、酒精度、酒的特色和酒的功能等因素分类。

1. 按照酒精度分类（见表 8-4）

表 8-4 酒按酒精度分类

类 别	特 点
低度酒	酒精度在 15° 以下，包括 15°，为发酵酒。例如，葡萄酒的酒精度约为 12°，啤酒的酒精度约为 4.5°
中度酒	通常，人们将酒精度在 16° 至 37° 之间的酒称为中度酒。这种酒常由葡萄酒加少量烈性酒调配而成
高度酒	高度酒也称为烈性酒，指酒精度高于 38° 的蒸馏酒，包括 38°

不同国家和地区对酒中的酒精度有不同的认识。我国将 38° 以下（包括 38°）的白酒称为低度白酒。而有些国家将 20° 以上的酒（包括 20°）的酒，称为烈性酒。

2. 按照酒原料分类，分为水果酒和粮食酒

水果酒是以水果为原料，经过发酵、蒸馏或配制成的酒，如葡萄酒、白兰地酒、味美思酒等。

粮食酒是以谷物为原料，经过发酵或蒸馏制成的酒，如啤酒、米酒、威士忌酒、中国茅台、五粮液等白酒。

3. 按照生产工艺分类，分为发酵酒、蒸馏酒和配制酒

发酵酒又称为原汁酒，其酒精含量低，是在含有糖分的液体中进行发酵而产生的含酒精饮料。发酵酒的原料是水果、谷物以及少量的动物乳汁，因此可分为三类：谷物发酵酒、水果发酵酒和其他发酵酒。

蒸馏酒是以含糖分或淀粉的物质为原料，经糖化、发酵、蒸馏而成（或者以其他发酵酒为原料蒸馏而成）。其持点是酒精含量高，耐用久存。世界上蒸馏酒的种类很多，有白兰地、威士忌、伏特加、朗姆酒、中国白酒和特基拉酒等，按生产原料的不同可分为谷物、果类、果杂类和其他类四大类。

配制酒是一个比较复杂的酒品系统，是以发酵酒或蒸馏酒为酒基，与其他酒品或非酒精物质进行配制获得。配制酒种类繁多，风格迥异，因而较难对其分门别类，但目前世界上较为流行的分类方法将其分为开胃酒、甜食酒、利口酒和含酒精混合饮料四大类。

小知识

鸡尾酒

鸡尾酒起源于美洲，它通常以朗姆酒、金酒、龙舌兰、伏特加、威士忌、白兰地等烈酒或葡萄酒作为基酒，再配以果汁、蛋清、苦精、牛奶、咖啡、糖等其他辅助材料，加以搅拌或摇晃制成的一种混合饮品，最后还可用柠檬片、水果或薄荷叶作为装饰物。鸡尾酒素来讲究色、香、味、形的兼而有之，其色彩缤纷，口感独特，深受品酒爱好者的喜爱，是夏日解暑饮品的最佳选择之一。

三、中国白酒

白酒是我国传统的饮料酒，也是世界著名的六大蒸馏酒之一。中国白酒工艺独特，历史悠久、千百年经久不衰，享誉中外。从古至今，白酒在消费者心目中都占有十分重要的位置，是社交、婚庆等活动中不可缺少的特殊饮品。中国白酒是当之无愧的国之第一饮品，也是最具中国传统，最融入国人生活的元素之一。

白酒是以粮谷为主要原料，以大曲、小曲或麸曲及酒母等为糖化发酵剂，经糖化、发酵、蒸煮、蒸馏、勾调而制成的含有酒精的饮料。以前叫烧酒、高粱酒，中华人民共和国成立后统称白酒、白干酒。白酒的特点：酒质无色（或微黄）透明，质地纯净、无混浊，气味芳香纯正，入口绵甜爽净，酒精含量较高，刺激性较强，经储存成熟后具有以酯类为主体的复合香味。其芳香浓郁、饮后余香，回味悠久。白酒按香型分类，如表 8-5 所示。

表 8-5　白酒按香型分类

类　型	特点描述	代表产品
浓香型白酒	以浓香干爽为特点，发酵原料以高粱为主，主要采用混蒸续渣工艺，发酵采用陈年老窖或人工培养的老窖	五粮液、剑南春、泸州老窖、全兴大曲
清香型白酒	清香纯正，诸味协调，余味爽净，采用清蒸清渣发酵工艺，发酵采用地缸	山西杏花村的汾酒、二锅头酒
米香型白酒	是具有小曲米香的蒸馏酒，蜜香清雅，入口柔绵，落口爽净	桂林三花酒、广东长东烧等小曲米酒
酱香型白酒	因有一种类似豆类发酵时的酱香味而命名，发酵工艺最为复杂，所用大曲多为超高温酒曲	贵州茅台酒、郎酒
其他香型白酒	各有特征，酿造工艺采用浓香型、酱香型或清香型白酒的一些工艺，有的酒蒸馏工艺采用串香法	西凤酒、董酒、白沙液

小知识

酒是中国人的生活中最重要的元素，凡食必有酒，凡礼不离酒。这种习惯或传统深深根植于中国人生活中。有“无酒不成席”“无酒不欢”的说法，但健康饮酒必须注意：①酒不与咖啡同饮；②感冒后不喝酒；③酒后不宜喝茶；④酒后不宜服药。

第五节　乳和乳制品

情景导入

乳类为各种哺乳动物哺育其幼仔最理想的天然食物。其所含营养成分齐全，组成比例适宜，容易消化吸收，能适应和满足初生幼仔迅速生长发育的全部需要。乳类食品对婴幼儿、儿童和孕妇等生理状态低下的人群有十分重要的作用，也适合病人和老年人。那么，你知道乳类都含有哪些营养成分吗？

知识链接

一、乳的成分

乳是膳食中蛋白质、钙、磷、维生素 A、维生素 D 和维生素 B_2 的重要供给来源之一。牛乳的营养成分随牛的品种、哺乳期、所喂养的饲料不同而有所差异，但市售鲜奶的脂肪和蛋白质含量是固定的。乳的化学成分主要有水分、蛋白质、脂肪、乳糖、矿物质、维生素以及其他微量成分，如图 8-10 所示。

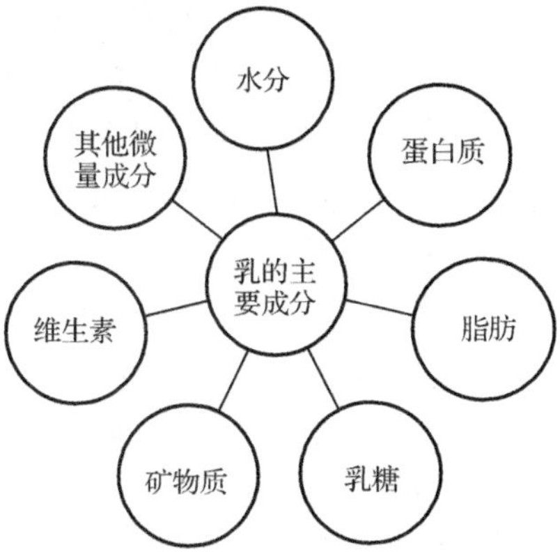

图 8-10 乳的主要成分

1. 蛋白质

乳蛋白质有其特定的营养价值，人膳食中乳蛋白质对婴儿和成人具有很大的作用。乳中必需氨基酸的量与人类所需的最适氨基酸量的关系十分密切。牛乳中的蛋白质含量为 3%～4%，其所含的蛋白质中有人体生长发育所必需的一切氨基酸。牛乳蛋白质的消化率可达 98%～100%；而豆类蛋白质的消化率为 80%。

2. 脂肪

乳脂肪球颗粒小，呈高度乳化状态，所以极易被消化吸收。乳中含有丰富的磷脂，有利于脑神经组织的发育与保健，并含有抑制低密度脂蛋白形成的因子，所以常食用人群的心血管病发病率远低于不常食用的人群。乳脂肪还含有人类必需的脂肪酸和磷脂，因此是一种营养价值较高的脂肪。牛乳中的脂肪含量为 2.8%～4.0%，以微脂肪球的形式存在，呈很好的乳化状态，容易消化。

3. 乳糖

在自然界中，乳糖仅存在于哺乳动物的乳汁中，其甜度为蔗糖的 1/6。乳糖容易为婴幼儿消化吸收，而且具备蔗糖、葡萄糖等所没有的特殊优点：促进钙、铁、锌等矿物质的吸收，提高其生物利用率；促进肠内乳酸细菌，特别是双歧杆菌的繁殖，改善人体微生态平衡；促进肠细菌合成 B 族维生素。有些人成年后多年不喝牛乳，体内的乳糖酶活性很低，无法消化乳糖。小肠内未消化的乳糖具有促进肠蠕动的作用，在大肠中经细菌发酵分解产生大量气体，导致“乳糖不耐症”，包括腹胀、腹泻等症状。这部分人群可以食用经乳糖酶处理的奶粉或饮用酸奶。

4. *矿物质*

牛乳中含有丰富的矿物质，如钙、磷、铁、锌、铜、锰、钼等。特别是含钙较多，而且钙、磷比例合理，吸收率高，是动物性食品中唯一的呈碱性的食品。牛乳中的钙、磷不仅含量高而且比例适中，并有维生素 D、乳糖等促进吸收的因子，因此牛乳是膳食中钙的最佳来源。在食物中增加乳制品有利于钙的吸收，有预防小儿佝偻病、中老年人骨质疏松病的功效。

5. *维生素*

牛乳是各种维生素的优良来源。它含有几乎所有种类的脂溶性和水溶性维生素，可以提供相当数量的核黄素，维生素 B_{12}、维生素 A、维生素 B_6 和泛酸。牛乳中的尼克酸含量不高，但可以帮助人体合成尼克酸。牛乳中还含有少量维生素 C 和维生素 D。牛乳中的淡黄色来自类胡萝卜素和核黄素，其中胡萝卜素的含量受饲料和季节影响，青饲料多时含量增加。维生素 A、维生素 D、维生素 E 的含量也受季节的影响。水溶性维生素受季节的影响较小。

小知识

牛奶营养丰富，其实羊奶才是人类最好的选择！有营养学家声称，羊奶可称为“奶中的黄金”。羊奶中蛋白质、脂肪、维生素等含量更高且更容易被人体吸收；喝牛奶过敏的人以及患有乳糖不耐受症状的人群都可以放心地饮用羊奶。但由于羊奶的产量有限，价格相对较高，所以羊奶也被称为“贵族奶”。

二、乳与乳制品的种类及特性

乳制品是指以生鲜牛（羊）乳以及其制品为主要原料，经加工制成的各种乳制品的总称，包含液态乳、酸乳、干酪、炼乳、奶油和冰激凌等。

1. *液态乳*

液态乳是用健康奶牛所产的新鲜乳汁，经有效的加热杀菌方式处理后分装出售的牛乳。液态乳一般按成品组成、杀菌方式和包装形式进行分类。

① 按成品组成分类，如表 8-6 所示。

表 8-6　液态乳按成品组成分类

分　类	描　述
全脂牛乳	脂肪含量为 3.0%以上
强化牛乳	添加多种维生素、铁盐的牛乳，如添加维生素 A、B_1、B_2、B_6 等以供特殊需要
低脂牛乳	脂肪含量为 1.0%～2.0%的牛乳
脱脂牛乳	脂肪含量在 0.5%以下的牛乳
花色牛乳	在牛乳中加入咖啡、可可、果汁等

② 按杀菌方式分类，如表 8-7 所示。

表 8-7 液态乳按杀菌方式分类

分 类	描 述
低温长时间杀菌牛乳	牛乳经过 62～65℃、保持 30min 的杀菌、冷却，包装后的产品
高温短时间杀菌牛乳	牛乳经过 72～75℃、保持 10～15s 的加热灭菌
超高温灭菌牛乳	牛乳加热至 130～150℃、保持 0.5～4s 灭菌
蒸汽直接喷射法超高温灭菌牛乳	大致与超高温灭菌牛乳相同，牛乳与高温蒸汽直接接触，在喷射过程中瞬间达到灭菌的效果，经无菌包装后为灭菌牛乳
瓶装（或罐装）灭菌牛乳	牛乳在瓶装（罐装）密封后，在密闭容器中加压灭菌

③ 按包装形式分类，可分为玻璃瓶装消毒牛乳、塑料瓶装消毒牛乳、塑料涂层的纸盒装消毒牛乳、塑料薄膜包装的牛乳和多层复合纸包装的牛乳。

2. 酸乳

酸乳是由牛乳发酵而成的，它不但保留了牛奶的所有优点，而且某些方面经加工过程还可扬长避短，成为更加适合于人类的营养保健品。首先，酸奶更容易消化和吸收，发酵过程使奶中乳糖、蛋白质中的 20%左右被分解成小的分子。脂肪酸可比原料奶增加 2 倍。另外，酸奶的成分比原料奶有所提高，一方面因为原料质量的要求高，另一方面因为有些酸奶制作中加入少量奶粉。所以一般来讲，饮用一杯 150 克的酸奶，可以满足 10 岁以下儿童所需的一天钙量的 1/3、成人钙质的 1/5。酸奶除了营养丰富外，还含有乳酸菌等益生菌，使肠道菌群的构成发生有益变化，促进体内消化酶的分泌，可促进食欲，改善消化功能。

3. 含乳饮料

含乳饮料是指以鲜乳或乳制品为原料，经发酵或未经发酵加工制成的制品。含乳饮料分为中性乳饮料和酸性乳饮料。酸性乳饮料包括发酵型乳饮料和调配型酸乳饮料。

中性乳饮料主要是指以水、牛乳为基本原料，加入其他风味辅料，如咖啡、可可、果汁等，再加以调色、调香制成的饮用牛乳。

发酵型乳饮料是指以鲜乳或乳制品为原料经发酵，添加水和增稠剂等辅料，经加工制成的产品。其中由于杀菌方式不同，可分为活性乳酸菌饮料和非活性乳酸菌饮料。

调配型酸乳饮料是指以鲜乳或乳制品为原料，加入水、糖液、酸味剂等调制而成的制品，产品经过灭菌处理，保质期比乳酸菌饮料要长。

4. 奶粉

奶粉一般是指鲜牛奶经过干燥工艺制成的粉末状乳制品，主要分为两大类：普通奶粉和配方奶粉，如表 8-8 所示。

表 8-8 奶粉的种类

普通奶粉	全脂淡奶粉
	全脂加糖奶粉
	脱脂奶粉

续表

配方奶粉	婴幼儿配方奶粉
	功能性配方奶粉
	营养强化奶粉

5. 干酪

干酪是由牛乳经过发酵、凝乳、除去乳清、加盐压榨、后熟等处理后得到的产品。除部分乳清蛋白和水溶性维生素随乳清流失外，其他营养素得到保留，而且得到浓缩。干酪的蛋白质消化率高达 96%～98%，并含有丰富的钙、磷、必需氨基酸和多种人体成长发育、生理活动及组织修复所需的营养成分。可以说，干酪是理想的补钙食品，更是补充优质蛋白质的理想食品。

6. 炼乳

炼乳通常是将鲜乳经真空浓缩或其他方法除去大部分的水分，浓缩至原体积的 25%～40%的乳制品，再加入 40%的蔗糖装罐制成的。炼乳加工时由于所用的原料和添加的辅料不同，可以分为加糖炼乳（甜炼乳）、淡炼乳、脱脂炼乳、半脱脂炼乳、花色炼乳、强化炼乳和调制炼乳等。

7. 奶油

奶油与奶油制品如图 8-11 所示。

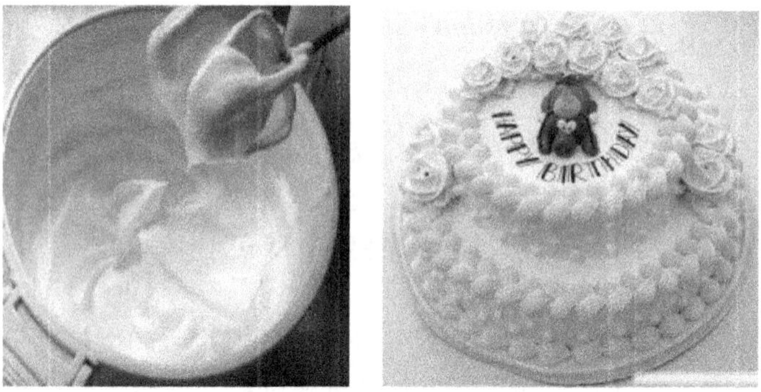

图 8-11　奶油与奶油制品

奶油是新鲜牛奶中分离出来的乳脂肪，根据其含量不同一般可分为稀奶油和奶油两种。奶油可以加工制成各种风味食品，如甜奶油、酸奶油、花色奶油和黄油等。奶油相当油腻，其热量很高，62%的脂肪都由饱和脂肪酸组成。冠心病、高血压、糖尿病、动脉硬化患者忌食；孕妇和肥胖者尽量少食或不食。奶油常用于西式料理，可以起到提味、增香的作用，还能让点心变得更加松脆可口，是冰激凌、雪糕等冷冻食品、西餐和各种糕点不可缺少的原料。

8. 冰激凌

冰激凌是以饮用水、牛乳、奶粉、奶油（或植物油脂）、食糖等为主要原料，加入适量食品添加剂，经混合、灭菌、均质、老化、凝冻、硬化等工艺制成的体积膨胀的冷冻食品。冰激凌的特性是营养价值较高，易于消化，作为夏季食用的冷食深受人们喜爱，而且一般冰激凌的脂肪和糖的含量较高，也是一种高热量食品。

练一练

全班同学分成若干小组，每个小组调查一种品牌的纯牛奶、酸奶、优酸乳、早餐奶中含有的营养成分及比例有何异同，分析不同的奶制品适合什么样的人群食用，最后全班同学一起讨论不同品牌的奶制品特点。

____

____

____

第六节　干　货

情景导入

木耳是一种食用真菌，腐生在枯死的树木枝干上，其状扁平，形如人耳，故名为木耳。新鲜的木耳为胶质，半透明、深褐色，有弹性，干燥后的木耳，其背面凸起，腹面下凹，耳体缩小，呈角质，木耳是著名的山珍，可食、可药、可补，中国老百姓餐桌上久食不厌，有“素中之荤”之美誉，被世界称为“中餐中的黑色瑰宝”。各种类型的干货如图 8-12 所示。除了木耳外，你还知道哪些干货？

图 8-12　各种类型的干货

知识链接

一、干货的种类

干货泛指用风干、晾晒等方法去除了水分的调味品、食品。常见的干货有去除了水分的木耳、紫菜、香菇、红枣、桂皮、辣椒、花椒、大茴香、小茴香、胡椒、枸杞、桂圆、花生等。第一，干货一定是去除了水分的。例如湿木耳、新采摘的蘑菇、未晾干的大枣、青辣椒就不是干货。第二，很多风干的天然调料都是干货，例如花椒、胡椒、茴香、桂皮等。第三，一部分传统草药既可以是药品，同时也可以是干货，例如枸杞。不过只不过传统草药的酿制水平要求更高。

小知识

古代行脚商行走贩卖，将各地特产带至他乡。然而，南北山川阻隔、菏泽难越，加之储存不便，为杜绝腐坏、便于储运，便将各地特产晒干、腌制，制成干货，故此产生南北干货一说，南北干货行业也得以延传至今。干货业已经是一个相当繁荣的产业。山东滕州干货批发市场是全国最大的干货批发市场，是国内干杂海货、调味品、药材等的集散地，云集全国南北客商，年销售量巨大，并且已与20多个国家建立了边境贸易关系，辐射全国30多个省、市、自治区，在全国同类市场中具有较高的知名度和美誉度。

二、干货的采购

消费者可以从以下三个方面提高购买干货的质量。

（1）闻味道：有的干货撒过二氧化硫，有一股酸涩的硫黄味。食用这样的产品有害身体健康。

（2）辨颜色：颜色过于暗淡的干货，可能是放置太久的次级品，不能购买；经过染色漂白的产品也不能购买。

（3）看外形：干货外观完整，无虫蛀，未发霉，说明是经过仔细挑选出来的，表示品质和加工技术都比较优良。

三、干货的涨发

很多干货作为烹饪的原料，具有水分含量少、便于运输储存；组织紧密、质地坚硬，不能直接加热食用的特点，因此需要涨发。干货原料的涨发就是利用干货原料的物理性质，采用各种方法，使干货原料重新吸收水分，最大限度地恢复其原有的鲜嫩、松软、爽脆的状态，同时，除去原料的异味和杂质，使之合乎食用要求的过程。其方法有冷水发、热水发、生碱水发、油发、盐发、火发、烤发、蒸发。

1. 干香菇

用35℃左右的温水，既能使香菇更容易吸水变软泡涨，又能使鸟苷酸充分分解，散发出鲜味来。另外，浸泡的时间也别太长，等菇盖全部软化，就要立即捞起滤干。如果泡的时候在水中添加一点白糖，更可以减少蘑菇香精和鸟苷酸在换水过程中的流失，让烹调出来的香菇味道更好。

2. 干木耳

干木耳和香菇不同，要用冷水泡发。热水泡后不仅不易充分发开，口感还会绵软发黏，其中不少营养成分都被溶解而损失掉了。用冷水发制木耳虽然需要的时间长些，但吃起来鲜嫩脆爽。如果一次吃不完，只要每天用冷水淘洗一遍，放上3～5天都不会变质。

3. 干鱿鱼

必须用碱水涨发，因为碱能够使鱿鱼恢复到原有的鲜嫩、松软状态。泡的时候要注意，冬季用温水，夏季用冷水，泡完后再放到清水中漂洗，去掉鱿鱼上的碱液。

4. 干海参

要用冷水浸泡 6 个小时左右，泡软后剪开海参的肚子，去掉其中的灰粒；再用冷水漂洗约 2 个小时；最后，放入煮沸的弱碱水中浸泡约 2 个小时，反复两次，捞出后用清水漂洗干净，再用冰块“冰镇”一下，能使肉质保持更好的鲜度。泡海参时切忌用盐，否则不易发透，还易变质。

注意事项：

（1）要了解原料的性质和特点，以确定正确的涨发方法，掌握涨发的时间。

（2）干货原料发制完毕要妥善保存，保存放置的方法有冰镇法、换水法、阴凉保存和通风保管等。

知识拓展

巴氏灭菌法

巴氏灭菌法（pasteurization），也称低温消毒法、冷杀菌法，是一种利用较低的温度既可杀死病菌又能保持物品中营养物质风味不变的消毒法。

1865 年，被称为“现代微生物学之父”的法国著名化学家路易·巴斯德（Louis Pasteur）在解决葡萄酒异常发酵问题时，发现加热可以杀死有害微生物。稍后，他将该法用于生产安全的“消毒牛奶”，牛奶的保质期由此延长到数十小时。这套工艺被称为“巴氏灭菌法”。巴氏消毒其实就是利用病原体不是很耐热的特点，用适当的温度和保温时间处理，将其全部杀灭。但经巴氏消毒后，仍保留了小部分无害或有益、较耐热的细菌或细菌芽孢，因此巴氏消毒牛奶要在 4℃左右的温度下保存，且只能保存 3～10 天，最多 16 天。

巴氏消毒奶较好地保存了牛奶的营养与天然风味，在所有牛奶品种中是最好的一种。其实，只要巴氏消毒奶在 4℃左右的温度下保存，细菌的繁殖就非常慢，牛奶的营养和风味就可在几天内保持不变。

通常，巴氏杀菌奶的三种包装：屋顶包，也叫新鲜屋，是一种纸塑复合包装，其外形有点像小房子，里面装的巴氏消毒奶（简称巴氏奶或杀菌奶）；另外两种是巴氏塑料袋和玻璃瓶装。这是两种比较经济的巴氏奶包装，因为塑料袋的成本相对较低，而玻璃瓶可以循环使用。

讨论：

1. 你见过巴氏消毒奶产品吗？都有哪些？
2. 巴氏消毒法有什么优点？
3. 牛奶中都有哪些营养成分？

练习与自测

一、判断题

1．食品中的结合水与普通的水性质相同。（　　）

2．糖类都能被人体直接吸收。（　　）

3．食品中的蛋白质含有20多种氨基酸，都可以在人体内合成。（　　）

4．白兰地是果酒，也是低度酒。（　　）

5．维生素是人和动物为维持生长和代谢而必须从食品中获得供应的大量有机物质。（　　）

6．维生素A缺乏时易患夜盲症，因此人要尽可能多地补充维生素A。（　　）

7．膳食纤维不能被人体吸收，没有营养，因此对人体没有意义。（　　）

8．茶叶分成红茶、绿茶和乌龙茶是根据茶叶的颜色来分的。（　　）

9．目前，世界上鉴别茶叶品质的好坏，主要采用感官审评的方法。（　　）

10．维生素D缺乏时易引起骨质软化，多晒太阳有助于补充维生素D。（　　）

二、单项选择题

1．淀粉是我国居民食品中热量的主要来源，其结构为（　　）。

A．单糖　　B．双糖　　C．多糖　　D．糖原

2．能促进钙、磷的吸收，促进钙化，使牙齿、骨骼发育正常的是（　　）。

A．维生素A　　B．维生素C　　C．维生素D　　D．维生素E

3．牛乳中含量最多的是（　　）。

A．脂肪　　B．蛋白质　　C．水　　D．乳糖

4．以下能被人体直接吸收的物质是（　　）。

A．淀粉　　B．蛋白质　　C．蔗糖　　D．葡萄糖

5．制作过程需要经过蒸馏环节的是（　　）。

A．啤酒　　B．葡萄酒　　C．白酒　　D．果酒

6．茶叶中含有最丰富的维生素是（　　）。

A．维生素C　　B．维生素A　　C．维生素B　　D．维生素K

7．人体中2/3的重量是（　　）。

A．水　　B．矿物质　　C．蛋白质　　D．碳水化合物

8．（　　）是反映食品营养价值最基本的综合性指标。

A．营养成分　　B．可消化率　　C．发热量　　D．食品卫生质量

9．因酒的质量不好，对人的视觉神经造成损伤可致失明的物质是（　　）。

A．总醛　　B．高级醇　　C．甲醇　　D．氰化物

10．维持体内各物质生机状态需要矿物质离子，如甲状腺肿必需的（　　）。

A．钙　　B．铁　　C．锌　　D．碘

三、多项选择题

1．淀粉是人们饮食中热量的主要来源，它具有（　　）的特性。

A．不溶于水　　B．不能直接被人体吸收
C．无甜味　　D．能被人的唾液酶分解

2．根据生产方法可把酒分为（　　）。
A．高度酒　　B．蒸馏酒　　C．发酵酒　　D．中度酒

3．采购干货时应注意（　　）。
A．完全干燥　　B．外观完整
C．无虫蛀、色泽自然　　D．无漂染、无异味

4．常见的干货有去除了水分的（　　）等产品。
A．木耳　　B．紫菜　　C．红枣　　D．桂皮

5. 无酒精饮料包括碳酸饮料、植物蛋白饮料、含乳饮料、果汁饮料、蔬菜汁饮料和（　　）。
A．椰奶　　B．瓶装饮用水　　C．固体饮料　　D．茶饮料

四、简答题

食物当中的营养成分有哪些？各有什么作用？

第九章　日用工业品

任务目标

- 认识日用工业品
- 认识塑料制品的回收标识，掌握几种常见塑料的特点及使用
- 认识陶瓷制品和玻璃制品，掌握选购方法
- 认识日用化工商品，了解不同化工商品的质量要求

第一节　日用工业品概述

情景导入

在生活中，你见过如图 9-1 所示的日用工业品吗？除此之外还有什么呢？

图 9-1　日用工业品

知识链接

一、日用工业品的分类

日用工业品是指满足人们日常生活使用需要的工业产品，俗称日用百货，是人们日常生活中不可缺少的一大类商品，其种类繁多，如表 9-1 所示。

表 9-1　日用工业品的分类

类　别	常 见 物 品
塑料制品	奶瓶、塑料袋、玩具、梳子、日用容器、电话机、电器外壳等
日化用品	肥皂、洗衣粉、洗涤剂、毛巾、牙膏、牙刷等
化妆品	洗发水、护发素、香水、面膜、唇膏、面霜、指甲油等
陶瓷制品	陶瓷餐具、陶瓷茶具、陶瓷花瓶等
搪瓷制品	搪瓷杯、搪瓷锅、搪瓷碗等

续表

类 别	常 见 物 品
玻璃制品	玻璃杯、玻璃装饰品、玻璃餐具等
箱包	日用箱、公文箱、包袋类、其他箱包及配件等
玩具类	益智类玩具、毛绒及布制玩具、动作玩具等

二、日用工业品的质量要求

1. 耐用性

耐用性指日用工业商品抵抗各种外界因素对其破坏的能力，它反映了商品的使用寿命和耐用程度，是评价日用工业品质量的重要依据之一。

小知识

日用瓷器应具有良好的热稳定性。热稳定性是指产品在冷热交换中不出现裂纹或破损。热稳定性的好坏可反映陶瓷产品的使用寿命，冷热交换的温差越大，说明其使用寿命越长。

2. 适用性

适用性是指日用工业品满足这种商品主要用途所必须具备的性能或质量要求，它是构成这种商品使用价值的基本条件，也是评价日用工业品质量的重要指标之一。

不同用途的日用工业品，其适用性是不同的，对于单一用途的商品，要求它在正常情况下具有符合该种商品品级的最佳使用效果；对于多种用途的商品，则要求多种性能的工作状态。

小知识

日用玻璃盛水器皿应有较强的耐水性；玻璃杯和保温瓶等玻璃制品需要具备耐温性，将制品放于1～5℃环境中静止5min，取出后立即投入沸水中不炸裂为合格品。

3. 安全卫生性

安全卫生性是指日用工业品在使用时不能影响人体健康和人身安全的质量特性。由于关乎人身安全和健康越来越受到人们的关注，因此这类性能也是对日用工业品质量的一项基本要求。

日用工业品的用途不同，对其安全卫生的要求也不同，如表9-2所示。

表9-2 各种日用工业品的安全卫生性要求

类 别	安全卫生性要求
日用陶瓷制品	规定铅、镉溶出量
化妆品	无异味，对皮肤和黏膜没有刺激和损伤，无感染性

续表

类　别	安全卫生性要求
玩具	无毒、无害且不易损坏，不宜过小，安装牢固
玻璃制品	不得含有可溶于食品中的对人体健康有害的物质

4. 结构和外观

日用工业品的结构主要指其形状、大小和部件的装配要合理等。对所有的日用工业品都要求有其合理的结构，否则会影响商品的适用性和耐用性。

小知识

日用瓷器制品的体形应周正匀称，规格尺寸应符合规定要求。玻璃的结构一般要求美观、周正规则、线条流畅，结构不良不仅影响美观，而且为使用带来不便，还会降低制品的坚固性和耐热性。

日用工业品的外观主要是指其造型、式样、花纹和色彩等方面。工业品的外观对于美化和丰富人们的物质生活和精神生活具有特殊意义。如果商品造型、式样不新颖，图案缺乏美感，那么即使商品的其他性能再好，也缺乏对购买者的吸引力，不会受到欢迎。

第二节　塑料制品

情景导入

你留意过塑料制品底部的回收标志（见图9-2）吗？你知道这些标志有什么含义吗？

图9-2　塑料制品回收标志

知识链接

一、塑料的特性

塑料工业经过一个多世纪的发展，现已有300多个品种投入了工业化生产，其中主要的也有几十种。尽管塑料品种很多，性能差别较大，但塑料与其他材料相比，仍有其共同特性。

1. 美观轻巧

塑料易于着色，色彩丰富，美观鲜艳，为解决交通运输、飞机、火箭、卫星等有关技术问题做出了贡献。

2. 耐化学腐蚀

塑料具有优良的耐化学腐蚀能力，不与普通的酸、碱、盐、溶剂发生化学反应。

3. 优异的电绝缘性能

几乎所有的塑料都是电绝缘体，是电气和电子行业不可缺少的材料。

4. 成形性好

塑料在一定温度下具有可塑性，成形较为方便，耗能低。一般塑料制品都是一次成形，省时省力，成本低。

5. 良好的防护性能

塑料是电、声、热的绝缘体，可用于各种防护措施。

塑料除具有上述优良特性外，也有美中不足的方面。

（1）耐热性差，通用塑料一般只能在 100℃以下使用。

（2）刚性差，容易变形。

（3）塑料的线膨胀系数大，尺寸不稳定，不太适合制造精密器件。

（4）塑料容易出现老化现象。塑料在光、热、氧等因素作用下，会出现颜色变深、质地发脆、表面龟裂等现象，缩短塑料的使用寿命。

二、塑料的主要种类

塑料的种类繁多，主要包括以下几种，如图 9-3 所示。

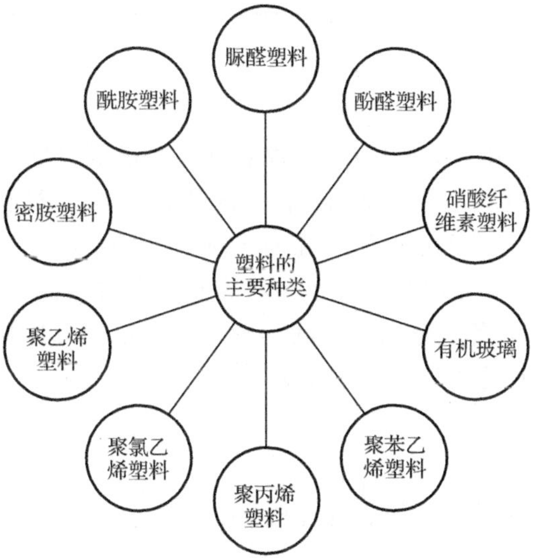

图 9-3　塑料的主要种类

这几种塑料的性能不同，其用途也不同，如表 9-3 所示。

表 9-3　塑料的主要种类、使用性能和用途

塑料的主要种类	性　能	用　途
聚乙烯塑料	质量轻、无毒、无味、无臭、不易脆化、化学稳定性强，有一定的透气性	适合制造奶瓶、杯子、水桶、面盆、热水瓶等
聚氯乙烯塑料	色泽鲜艳、不易破裂、结构较紧密，耐腐蚀、耐老化，电绝缘性和气密性较好，机械强度高，有较好的阻燃性，耐热性差，耐光性较差	适合制造皂盒、梳子、各种农用桶、雨衣、手提袋、塑料鞋等
聚丙烯塑料	是塑料中最轻的一种，外观呈乳白色半透明状，无毒无味、有较好的强度、硬度、弹性，耐冲击、耐磨、耐腐蚀、耐热，绝缘性和气密性好，有较好的耐弯曲性能，但耐老化和耐寒性较差	适合制造各种日用容器、家电外壳，尤其适合制造各种绳索
聚苯乙烯塑料	硬度高，质量轻、表面光滑、耐水、无毒无味，有较好的化学稳定性和电绝缘性，但脆性大、耐热性差	适合制造各种纽扣、酒杯、玩具、梳子、牙刷柄、学生尺等
有机玻璃	质轻、强度好、脆性小、耐气候性好、透明度高，但表面硬度低，耐磨性、耐热性差	适合制造眼镜架、发夹、伞柄、纽扣、文具等
硝酸纤维素塑料	以天然纤维素为原料，质量轻、弹性好、着色性好，但化学稳定性差，易变色、老化、燃烧	适合制造乒乓球、儿童玩具、发夹、眼镜架等
酚醛塑料（又称电木）	有较好的耐热、耐寒性，不易燃烧，表面硬度高，电绝缘性、耐腐蚀性好，不易老化，但色泽较暗、脆性大、吸水性大	适合制造纽扣、铝壶把手、电话机、台灯等
脲醛塑料（又称电玉）	色泽鲜艳，表面硬度大、光滑，耐热、耐寒，电绝缘性好，耐油、耐弱碱和有机溶剂，但不耐酸	适合制造各色纽扣、瓶盖、装饰品及日用电器外壳等
酰胺塑料	白色半透明，无毒、无味，强度高，耐磨性较好，耐油性好，但耐酸性和耐光性较差	适合制造各类球网、拉链及刷子等
密胺塑料	色泽多样，外观和手感如瓷器，硬度和耐冲击强度高，耐水、耐热、耐酸碱，但不宜暴晒和重摔	适合制造各种饮食用具、电器的绝缘零件等

三、塑料制品回收标志

我国早在 1996 年就开始实行国家标准《塑料包装制品回收标志》中所要求的塑料制品材质标志。这个标准的主要目的是通过不同的标志区分塑料制品材质，以便于回收。

每个塑料容器都有一个“身份证”，一般在塑料容器的底部。如图 9-4 所示，三角形中有数字，通常为 1～7，每个编号代表一种塑料。这套标志将塑料材质辨识码打在容器或包装上，让民众无须费心去学习各类塑料材质的异同，就可以简单地加入回收工作的行列。

不同种塑料制品的应用也不同，如表 9-4 所示。

四、塑料制品的质量要求

塑料制品的质量要求从外观质量、内在质量和卫生安全性三个方面进行分析，如表 9-5 所示。

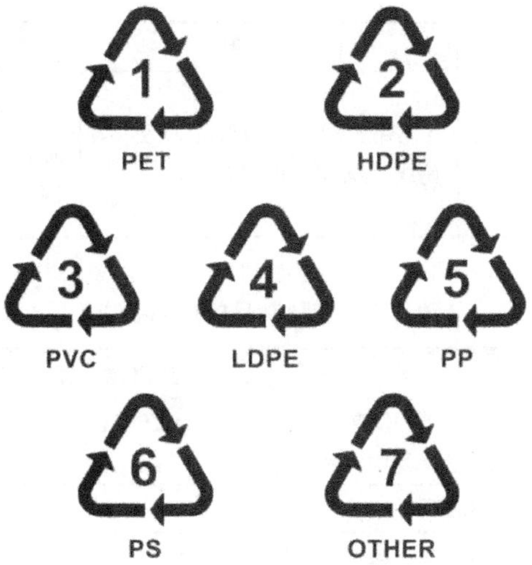

图 9-4　塑料包装制品回收标志

表 9-4　生活中最常见的可回收塑料制品和包装标志、应用

编　码	物　料	应　用	应用提示
	PET（聚乙烯对苯二甲酸酯）	常用于矿泉水瓶、碳酸饮料瓶等	70℃时易变形，有对人体有害的物质溶出；不能放在汽车内晒太阳，不要装酒、油等物质
	HDPE（高密度聚乙烯）	用于清洁剂、洗发精、沐浴乳、食用油、农药等的容器	不要用来作为水杯，清洁不易彻底，不要循环使用
	PVC（聚氯乙烯）	多用于制造水管、雨衣、书包、建材、塑料膜、塑料盒等器物	只能耐热 81℃，高温时产生有害物质，难清洗，易残留，不要循环使用
	LDPE（低密度聚乙烯）	随处可见的塑料袋多以 LDPE 制造，常用于保鲜膜、塑料膜等	高温时产生有害物质，可能引起乳腺癌、新生儿先天缺陷等疾病。保鲜膜不能放入微波炉
	PP（聚丙烯）	常用于豆浆瓶、优酪乳瓶、果汁饮料瓶、微波炉餐盒	唯一可以放进微波炉的塑料盒，可在小心清洁后重复使用
	PS（聚苯乙烯）	多用于制造建材、玩具、文具、滚轮，以及速食店盛饮料的杯盒或一次性餐具。常用于碗装泡面盒、快餐盒	不能放进微波炉，装酸（如橙汁）、碱性物质后，会分解出致癌物质。避免用快餐盒打包滚烫的食物。不要用微波炉煮碗装方便面

续表

编　码	物　料	应　用	应 用 提 示
7	OTHER（其他塑料）	常用于PC类，如水壶、太空杯、奶瓶；PA类，即尼龙	PC在高温情况下易释放出有毒的物质双酚A，对人体有害。使用时不要加热，不要在阳光下直晒

表9-5　塑料制品的质量要求

质 量 要 求	质 量 特 征
外观质量	外形不应有翘曲缺角，尺寸要符合一定的偏差规定；制品的部件尺寸要相互配合得当、厚薄均匀；色泽鲜明、色调均匀
内在质量	适用性和耐用性
卫生安全性	塑料制品必须无毒、无味等

小知识

塑料制品的表面缺陷和可能产生的外观疵点主要有裂印、水泡、杂质点、拉毛、起雾、肿胀、小孔和麻点等。

五、塑料制品的鉴别

常用的塑料制品鉴别方法主要有外观鉴别法和燃烧鉴别法等。

1. 外观鉴别法

外观鉴别法主要是通过塑料的外观特征，如色泽、透明度、光滑度、手感和表面硬度来判断和区分塑料的种类，如表9-6所示。

表9-6　塑料的外观特征

塑 料 名 称	看	听	摸
聚乙烯	乳白色半透明	敲击时声音轻	摸时有石蜡滑腻感，质地柔软，能弯曲
聚丙烯	乳白色半透明	敲击时声音轻	手摸时有润滑但无滑腻感，质地硬挺有韧性
聚氯乙烯	色泽较鲜艳，薄膜透明度较高	敲击时声音发闷	坚硬平滑
聚苯乙烯	色彩鲜艳，透明度较高	敲击时声音清脆如金属声	表面较硬，有光泽
电木	为黑色、棕色的不透明体	敲击时有木板声	表面较硬、质脆易碎，断面结构松散
电玉	多为浅色半透明体	敲击时声音响亮	表面较硬、质脆易碎
密胺塑料	表面坚韧结实，断面结构紧密	敲击时声音沉闷	手感似瓷器

2. 燃烧鉴别法

不同的塑料燃烧时会产生不同的化学反应，表现出不同的反应状态。根据塑料燃烧时所产生的现象特征，可以鉴别塑料的种类。各种塑料燃烧时的现象特征如表 9-7 所示。

表 9-7　塑料燃烧时的现象特征

塑料名称	燃烧难易	离火后情况	气　味	火焰特点	燃烧时变化状态
聚乙烯	易燃	继续燃烧	类似烧蜡烛的气味	顶部黄色、底部蓝色	熔融滴落
聚氯乙烯	难燃	离火即灭	刺激性酸味	顶部黄色、底部绿色，有白烟	软化
聚丙烯	易燃	继续燃烧	石油味	顶部黄色、底部蓝色，有少量黑烟	熔融、滴落、膨胀
聚苯乙烯	易燃	继续燃烧	特殊臭味	橙黄色、浓黑烟	软化、起泡
有机玻璃	易燃	继续燃烧	水果香味	浅蓝色、顶部白色	熔化、起泡
硝酸纤维素	极易燃	继续燃烧	无味	黄色	迅速完全燃烧
电木	难燃	熄灭	苯酚臭味	黄色	颜色变深，有裂纹
电玉	难燃	熄灭	甲醛刺激气味	底部黄色、顶部蓝色	燃烧处变白，开裂
密胺塑料	难燃	熄灭	甲醛刺激气味	浅黄色	膨胀有裂纹、燃烧处变白

练一练

搜集十种常用的塑料制品，应用外观鉴别法和燃烧鉴别法观察各种塑料制品的外观特征以及燃烧情况和气味，判断各种塑料制品所用的塑料种类，上网或查阅资料核对你的判断是否正确。

第三节　陶瓷制品

情景导入

在家庭餐桌上经常会用到一些日用陶瓷餐具（见图 9-5）。你在购买时知道如何挑选这些陶瓷餐具吗？

图 9-5　日用陶瓷餐具

知识链接

一、陶瓷制品概述

陶瓷具有一系列优良的性能，如高绝热性，良好的热稳定性、化学稳定性和机械性能，以及很强的装饰能力。因此，日用陶瓷制品深受人们喜爱，在日常生活中广为使用。

陶瓷是以黏土及其他天然矿物岩石为原料，经加工烧制成的上釉或不上釉的硅酸盐制品，包括陶器、瓷器、炻器等。我国是陶瓷古国，陶瓷文化源远流长，陶瓷种类也名目繁多，主要有以下几种分类。

1. 按胎体特征分类

日用陶瓷按其胎体特征分为陶器、瓷器和炻器三大类，它们的主要区别如下。

陶器：吸水率一般大于3%；具有不透光性；胎体未玻化或玻化程度低，结构不致密，断面粗糙；敲击声沉浊。

瓷器：吸水率一般不大于3%；具有透光性；玻化程度高，结构致密细腻，断面呈石状或贝壳状；敲击声清脆。

炻器：介于陶器与瓷器之间的制品，由于坯料中含较多的伊利石类黏土，易于致密炻器烧结，无釉制件也不透水（吸水率在6%以下），无透光性，具有抗冲击、抗无机酸的腐蚀（氢氟酸除外）以及热稳定性极好的特点。

2. 按花面装饰方式分类

日用陶瓷按其花面装饰方式可分为釉上彩陶瓷、釉中彩陶瓷、釉下彩陶瓷、色釉瓷及一些未加彩的白瓷等。各种陶瓷特征如表9-8所示。

表9-8　按花面装饰方式分类的各种陶瓷特征

陶瓷种类	特　征
釉上彩陶瓷	釉上彩，是在白釉上进行彩绘后，再入窑经600～900℃烘烤而成的。花面紧贴釉层表面，用手触摸有凹凸感，肉眼可见高低不平
釉中彩陶瓷	釉中彩即在高温快烧（1060～1250℃烧制 90～100min）的条件下，釉面软化熔融，使颜料的颗粒渗入釉内，冷却后被釉层覆盖。用手触摸表面平滑，无明显凹凸感，花色细腻晶莹，颇有釉下彩的效果
釉下彩陶瓷	釉下彩是用色料在已成形晾干的素坯（半成品）上绘制各种纹饰，然后罩以白色透明釉或者其他浅色面釉，入窑高温（1200～1400℃）一次烧成。烧成后的图案被一层透明的釉膜覆盖在下边，表面光亮柔和、平滑不凸出，色彩保存完好，经久不退
色釉瓷	色釉瓷是在釉料之中加入高温色剂，使烧制后的制品釉面呈现出某种固定的颜色，如铜红、钴蓝、铁黑、铅绿等
白瓷	白瓷是釉料中没有或只有极微量的呈色剂，生坯挂釉，入窑经过高温火焰烧成的素白瓷器

小知识

釉中彩陶瓷、釉下彩陶瓷和绝大部分色釉瓷、白瓷的铅、镉含量是很低的，而釉上彩如果在陶瓷画纸加工时使用了劣质颜料，在花面设计上对铅、镉高的颜料用量过大，或烤烧时温度、通风条件不够，则很容易引起铅、镉溶出量超标。

二、日用陶瓷制品的质量要求

1．日用陶瓷制品的质量要求如表 9-9 所示。

表 9-9　日用陶瓷制品的质量要求

质量要求	质量特征
外观质量	敲击时没有破碎的锣声；体形周正匀称，规格尺寸、公差等应符合规定要求；带釉制品的釉面光润平滑，无沾渣、炸裂和磕碰等缺陷，并且色彩均匀、协调
卫生指标	铅溶出量不超过 7.0mg\L，镉溶出量不超过 0.5mg\L
热稳定性	热稳定性的好坏反映陶瓷产品的使用寿命，冷热交换的温差越大，其使用寿命越长。标准一般均规定加热至 180℃后投入 20℃水中，取出观察其是否有裂纹或破损，若此温度下不出现损坏，其使用寿命一般可达 3 年以上

2．根据我国国家标准 GB 3532—83，日用细瓷产品外观质量应满足下列要求：

① 日用细瓷的规格分为特型、大型、中型、小型 4 种。

② 口径等于或大于 60mm 的制品，其允许误差为-1.0%～+1.5%；口径小于 60mm 的制品，其允许误差为±2.0%。

③ 壶类在倾斜 70° 时，盖子不脱落；当盖子向一边移动时，盖子与壶口的距离不得超过 3mm。壶嘴的口部不得低于壶口 3mm 以上。

④ 一套产品的釉色、画面色泽应基本保持一致，规格尺寸应相称。

⑤ 不许有炸釉、磕釉、裂穿和渗漏缺陷。

⑥ 按外观质量，产品分为一级品、二级品、三级品、四级品。它们分别符合下列规定：外观缺陷不超过 4 种者为一级品，外观缺陷不超过 5 种者为二级品，外观缺陷不超过 6 种者为三级品，外观缺陷不超过 7 种者为四级品。

小知识

铅、镉的存在是由于产品表面装饰图案中陶瓷颜料含有其成分，铅的存在还有可能是为降低产品表层釉的烧制温度而加入的。若生产工艺控制不当，极易造成在使用过程中铅、镉过量溶出，经常使用这类产品易引起铅、镉重金属中毒。

铅、镉是一种严重危害人类健康的重金属元素。铅中毒可影响婴幼儿的生长和智力发育，损伤认知功能、学习记忆等脑功能，严重者造成痴呆；镉中毒可导致呼吸道疾病。

三、日用陶瓷制品的质量鉴别和选购

1．日用陶瓷制品的质量鉴别

日用陶瓷制品的质量主要通过感官检验法来鉴别，如表 9-10 所示。

表 9-10　日用陶瓷制品的质量鉴别

鉴别方法	鉴别特征
看外观	陶瓷周正、平稳；陶瓷无黑色斑点；瓷面无拉釉或干裂现象；装饰花面美观大方；彩瓷产品平滑，有玻璃光泽
听声音	用拇指弹一下瓷器，声音清脆、纯正，说明瓷器无裂纹、瓷质密度均匀

2. 日用陶瓷制品的选购

① 选购微波炉用瓷具，应避免有金属装饰的产品，如带有金边、银边或用金花纸、金属丝镶嵌图案的产品。

② 用于盛装酸性食物的器皿，应尽量选用表面装饰图案较少的产品。

③ 选购时应注意图案颜色是否光亮，若不光亮，可能是烤花时温度未达到要求，此类产品的铅、镉溶出量往往较高。

④ 用洗碗机洗涤的产品宜选用边缘较厚带圆弧状加强边的产品，因为这类产品在洗涤过程中不易损坏。

⑤ 对不放心的产品，可用食醋浸泡几小时，若发现颜色有明显变化应弃之不用。

⑥ 对标明用于装饰的产品，不能用于盛装食物。

⑦ 特别注意那些用手即可擦去图案的产品，这种产品往往铅、镉溶出量极高。

第四节　玻璃制品

情景导入

生活中会遇到各种各样的玻璃制品（见图 9-6）。你知道它们都有什么区别吗？你还知道哪些玻璃制品？

图 9-6　各种各样的玻璃制品

知识链接

玻璃是由二氧化硅和多种金属氧化物按照一定的比例配合，经过高温熔融、冷却固化而形成的非结晶无机物，在特定条件下也可成为晶态。

日用玻璃制品是以玻璃为原料，经过不同的加工方法而形成的各种制品。

一、玻璃制品的种类

1. 按玻璃的用途分类

① 器皿玻璃

用于制造各种器皿的玻璃，可分为普通玻璃和优质玻璃，如各种瓶罐、茶具、糖缸、烟缸、保温瓶等所用的玻璃。

② 建筑玻璃

用于建筑物的各种玻璃，如窗用平板玻璃、压花玻璃、夹丝玻璃、玻璃砖、空心玻璃、装饰玻璃等。

③ 炊具玻璃

用于厨房中可以直接加热或放入微波炉、烤箱中的耐热玻璃，主要是硼硅酸盐玻璃，膨胀系数小，耐热性强，耐急剧温度变化（急冷、速热温差 120℃）。

④ 电器用玻璃

各种电器上所用的玻璃，如灯泡、灯罩、灯管、电子管等所用的玻璃。

⑤ 医药及光学用玻璃

用于医学和光学上的玻璃，如注射器，针剂，光学上的透镜、棱镜，光学仪器等所用的玻璃。

⑥ 实验室用玻璃

实验室所用的各种玻璃，如烧瓶、烧杯、滴管、蒸馏器、载玻片等所用的玻璃。

⑦ 安全玻璃

用于防护、确保安全的玻璃，如钢化玻璃、夹层玻璃、玻璃纤维、防护玻璃等。

2. 按玻璃的加工方法分类

按玻璃制品的加工成型方法可以分为吹玻璃制品（见图 9-7a）、拉玻璃制品（见图 9-7b）和压玻璃制品（见图 9-7c）等。

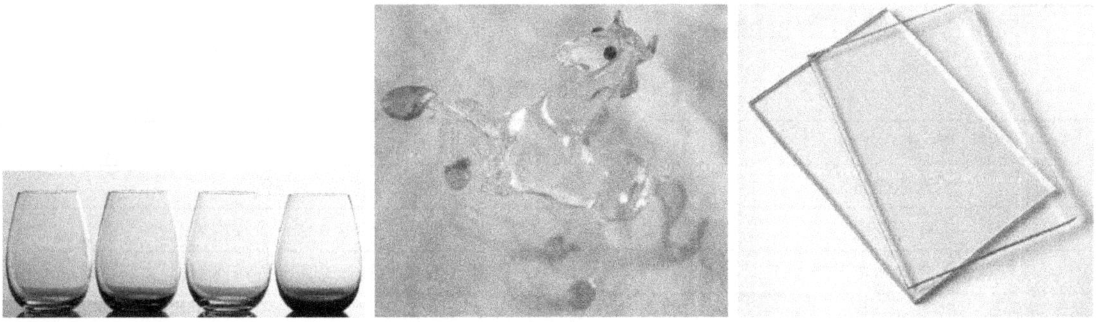

a—吹玻璃制品　b—拉玻璃制品　c—压玻璃制品

图 9-7　采用不同加工方法的玻璃制品

3. 按玻璃的装饰方法分类

按玻璃制品的装饰方法可以分为贴花制品（见图 9-8a）、磨刻制品（见图 9-8b）和打砂制品（见图 9-8c）等。

a—贴花制品　　b—磨刻制品　　c—打砂制品

图 9-8　各种装饰的玻璃制品

二、日用玻璃制品的质量要求

日用玻璃制品的质量要求主要有：正确的规格和形状，必要的坚固性和耐热性，外观美观、图案清晰、卫生安全等。

1. 规格

日用玻璃制品的规格通常从尺寸、重量和容量等方面来要求，不同的种类有不同的要求。

2. 结构

结构是指日用玻璃制品的形状、厚度以及主件和附件的配合情况。玻璃结构不良不仅影响美观，而且会对使用造成不便，降低制品的坚固性和耐热性。一般要求日用玻璃制品美观大方、周正规则、线条流畅等。

3. 色泽

不同颜色的玻璃，其色泽也不一样，如表 9-11 所示。

表 9-11　不同颜色的玻璃色泽比较

玻璃类型	色泽
无色玻璃	透明、洁净而富有色泽
有色玻璃	色泽鲜艳、赏心悦目、深浅均匀
带有彩色图案和花样的玻璃	花纹清晰、形象逼真、色泽调和

4. 耐温急变性

耐温急变性是决定玻璃杯和保温瓶等玻璃制品质量的重要指标之一。将制品放于 1～5℃环境中静置 5min，取出后立即投入沸水中而不炸裂则为合格品。

5. 耐水性

日用玻璃制品，特别是盛水器皿应有较强的耐水性，否则在使用过程中容易失去光泽，也会由于易溶物的溶出而对人体健康造成危害。

6. 外观疵点

外观疵点是目前鉴别玻璃制品质量的主要依据之一。较常见的玻璃外观疵点类型的比较如表 9-12 所示。

表 9-12　玻璃外观疵点类型的比较

外观疵点类型	特　征	危　害
砂粒	玻璃体内所存在的透明或不透明粒状物质	影响玻璃制品的美观，降低玻璃制品的耐温急变性
斑纹	完全不熔于玻璃，呈波浪状、山形状等，有无色、黄色和绿色等多种颜色	严重影响玻璃制品的美观，并且会形成玻璃成分和厚度不一致，降低玻璃制品的耐温急变性
气泡	玻璃体内的气泡包含物	影响美观，降低玻璃制品的耐温急变性和坚固性
装饰疵点	图案不准确、色彩不调和、研磨不平整、图色不牢靠等	影响玻璃制品的美观

7. 卫生安全性

卫生安全性主要是对于玻璃饮食用具的要求，规定不得含有可溶于食品中的对人体健康有害的物质。

第五节　日用化工商品

情景导入

日用化工品是我们日常生活中的必需品（见图 9-9）。这些商品质量的好坏直接影响到我们的生活。你知道如何判别它们的质量吗？

图 9-9　日用化工商品

知识链接

以化学原料为主要成分的日用工业品商品通称日用化工商品。

日用化工商品的主要特点是：化学原料可以是人工合成原料，也可以是天然原料；商品的成分之间在一定时期内不发生化学反应；商品的功能和用途主要依赖于化学成分的性质；此类商品是日常生活中，尤其是在洗涤、美容中经常用到的小商品，主要有肥皂、合成洗涤剂、牙膏等。

一、肥皂

油脂和碱反应所生成的高级脂肪酸盐称为肥皂。肥皂溶于水，具有良好的去污力，特别适合人工搓洗衣物。

1. 肥皂的种类

目前市场上的肥皂种类有很多，每种肥皂的功效有所不同，如表 9-13 所示。

表 9-13　各种肥皂的比较

肥皂类别	功　　效	用　　途
洗衣皂	含碱较多，除油脂和污垢作用强	主要用于洗涤衣物，也适用于洗手、洗脸等
香皂	质地细腻、纯净、泡沫丰富、色泽鲜艳，去除肌体的异味	主要用于洗手、洗脸、洗澡
透明皂	质地透明、光滑、泡沫丰富	适合洗涤各种织物
过脂皂	较温和，洗涤后使皮肤柔软，防止干裂	适合小儿、皮肤干燥者、易过敏者和皮肤症者
药皂	对皮肤有消毒、杀菌、防止体臭等作用	常用于洗手、洗澡等
液体皂	碱性很弱，无刺激性，有泡沫和黏度，也有一定的去污能力	适合洗涤各种织物

2. 肥皂的质量要求

肥皂的质量要求通过质量指标体现，如表 9-14 所示。

表 9-14　肥皂的质量指标

质量指标	指标特征	
外观方面	洗衣皂	硬度适中、不发黏、不分离、不开裂
	香　皂	细腻均匀、无裂纹、气泡、斑点、剥离、冒汗等现象
色泽方面	洗衣皂	颜色应均匀洁净
	香　皂	色泽应均匀稳定
形状方面	洗衣皂	形状应端正、收缩均匀，不得有歪斜、变形、缺边、缺角等现象
	香　皂	可以压成各种形状，不得有歪斜、变形、缺边、缺角及字迹模糊等现象
气味方面	洗衣皂	无不良气味
	香　皂	具有各种天然或合成香料配成一定类型的持久香味

3. 肥皂的质量鉴别

在选购肥皂时，简单易行的方法就是以眼看、手摸、鼻闻来鉴别它的质量，如表 9-15 所示。

表 9-15 肥皂的质量鉴别

鉴 别 方 式	鉴 别 特 征
眼看	洗衣皂呈淡黄色，说明所用油料原料比较纯净，保管中不易酸败，使用时不发黏，泡沫正常，去污能力较好
手摸	用手指捏一下皂体表面，如有指头印迹，即好肥皂
鼻闻	肥皂有清香味

小知识

肥皂表面有黄褐色斑点，说明肥皂已酸败；皂体发绿，是配方中植物油过多和脱水不良造成的；色泽暗褐，是深色松香应用过多造成的，会影响肥皂的去污能力；色泽发灰且没有光泽，多半是非盐析法的产品或填充料过多造成的，或者是杂质过多造成的盐析皂。

二、合成洗涤剂

合成洗涤剂是由表面活性剂（如烷基苯磺酸钠、脂肪醇硫酸钠）和各种助剂（如三聚磷酸钠）配制而成的一种洗涤用品。

1. 合成洗涤剂的种类

合成洗涤剂种类较多，外观形态也多，如粉状产品（见图 9-10a）、液状产品（见图 9-10b）、颗粒状产品（见图 9-10c）等。

a—粉状产品　　b—液状产品　　c—颗粒状产品

图 9-10 不同外观形态的合成洗涤剂

2. 合成洗涤剂的质量要求

在实际经营活动中，主要靠外观质量来判断商品的质量。合成洗涤剂的质量要求如表 9-16 所示。

表 9-16　合成洗涤剂的质量要求

质量指标	指标特征
色泽	白净，没有深黄色或黑色颗粒；色泽要求均匀一致；液体洗涤剂要求清澈透明，不应浑浊
颗粒度	洗衣粉的空心颗粒大小应均匀，颗粒直径一般为 0.5～0.8mm。颗粒太细，流动性差，易结块；颗粒太大，影响溶解度
流动性	流动性指粉粒在给定倾斜角上自动流动的程度。流动性反映了粉粒的大小和含水量的多少。流动性差，说明含水较多，颗粒细，易结块，影响使用
稳定性	稳定性指成品在储存过程中因外界因素的影响，有无泛红、变臭的现象，有无失透明、变稠的现象。要求产品在储存过程中不出现泛红、变臭和失透明、变稠现象

3. 合成洗涤剂的使用

合成洗涤剂中大类产品主要是洗衣粉和液体洗涤剂。液体洗涤剂易溶于水，使用方便；洗衣粉使用时须注意基本程序。下面是洗衣粉的使用常识。

① 洗涤前，先把织物用清水浸湿，再行洗涤，否则对纤维的强力会有影响，最后也不易把泡沫漂洗干净。

② 配制洗衣粉溶液，放水量与衣物重量之比应约为 10∶1，放入洗衣粉，配制成浓度约为 0.3%的溶液，即具有良好的去污能力。配制浓度太低，达不到去污目的；浓度太高，不仅造成浪费，也造成漂洗困难。

③ 衣物在溶液中浸泡 10～15min，再行洗涤，能达到最佳的洗涤效果。时间太短，洗涤剂不能充分发挥作用；时间太长，会影响衣物强力，甚至会引起污垢的再沉淀。

④ 如果领口、袖口太脏，可撒少许干粉轻轻揉搓。

⑤ 洗涤温度不宜太高，一般以 40℃左右为宜。

三、牙膏

1. 牙膏的种类

牙膏的使用是我们日常口腔保健的主要手段。牙膏由洁净剂、摩擦剂、胶黏剂和芬芳剂与不同的药物组成。下面简单地介绍目前市场上常见的几种牙膏，如表 9-17 所示。

表 9-17　常见的几种牙膏比较

牙膏的种类	功能
含氟牙膏	提高牙齿的抗腐蚀能力、抑制致龋细菌的生长繁殖，减少龋齿的发生
中草药牙膏	清热解毒、消炎止血、缓解牙龈炎症
消炎牙膏	消炎抗菌、抑制牙结石和菌斑的形成，改善口腔环境、预防和辅助治疗牙龈出血、牙周病
防过敏牙膏	对牙本质过敏有一定的缓解作用
去垢增白牙膏	去除牙齿表面的着色，洁白牙齿

2. 牙膏的质量要求

牙膏的质量要求如表 9-18 所示。

表 9-18 牙膏的质量要求

质量要求	特征
感官要求	色泽一致；膏体湿润、均匀；香味应“香、甜、清、爽”；软管端正，管尾封轧应牢固整齐；软管图案和字迹清楚
理化指标	膏体黏稠度适度；泡沫量适宜；膏体酸碱度适中；膏体配方稳定
卫生指标	牙膏的卫生指标中规定，每克牙膏中的细菌总数不能超过 500 个

小知识

牙膏的泡沫要适宜，否则漱口时不易漱净，会残留一些表面活性剂的味道，对口腔有一定的刺激。将牙膏放在-8℃冰箱内 8h 后取出，再放入 50℃恒温培养箱内 8h 后取出，在室温下放置 4h，开盖观察膏体是否正常，从中可以反映出膏体配方的合理性、原料品质和加工工艺的情况。

3. 牙膏质量的鉴别

牙膏质量主要是通过“五看”来鉴别，如表 9-19 所示。

表 9-19 牙膏质量“五看”鉴别

鉴别指标	鉴别特征
看稀稠度	挤牙膏时不费力，膏体不稀湿，呈圆状
看色泽	洁白，叶绿素牙膏应呈淡绿色
看渗水现象	将少许牙膏放在毛边纸上，用手指均匀摊开，看纸的反面，质好牙膏渗水很少
看有无过硬颗粒	将少许牙膏涂抹在玻璃上，用手指摊均捺压，无过硬颗粒
看管体	软管挺直，无皱折，管尾电焊的齿纹整齐

知识拓展

特种玻璃知多少？

对玻璃进行特殊工艺处理，可制造出具有特殊性能的玻璃。特殊玻璃是具有透光、隔热、隔声、耐磨、耐气候变化等性能的玻璃，有的还有保温、吸热、防辐射等特征，广泛应用于镶嵌建筑物的门窗、墙面、室内装饰等。

1. 套料玻璃

在透明的玻璃上套上一层或多层不同颜色的不透明玻璃，称为套料或套色玻璃。此类玻璃经过磨花或雕刻装饰后，显得格外美观，艺术价值很高，可制成高级花瓶、艺术品等。

2. 雪花玻璃

雪花玻璃表面分布着许多微细均匀、不规则雪花状的纹路，制品主要有玻璃杯，也称玻璃雪花杯。它是经过特殊的淬火工艺形成的，能反映出玻璃体洁净透明、折光性高的特点，盛装冷饮后，映出晶莹的光彩，给人以雪花般的纯净、清凉之感。

3. 大理石状玻璃

这种玻璃是在成形时，将无色的玻璃料泡放在板上滚沾尺寸为4～8mm的各种颜色玻璃小块，再把料泡放到窑中加热软化，然后吹制而成的。在玻璃表面呈现出多种颜色和不规则的几何图形，自然和谐，很像大理石，商业上称为自然景玻璃。

4. 乳浊玻璃

在玻璃中加入乳浊剂（冰晶石、萤石、氟硅酸钠、磷酸钙等），从而形成与玻璃体不同折射率的微小结晶，使之产生乳浊现象。玻璃体中析出的颗粒越多，乳浊现象就越明显。乳浊玻璃呈乳白色，透光而不透明，如果加入某些颜色就很像瓷器，素雅大方，给人以古色古香之感。常见的有乳浊玻璃杯、乳浊冷水瓶、乳浊花瓶及乳浊灯罩等。

5. 钢化玻璃

它是普通平板玻璃经过再加工处理而成的一种预应力玻璃。钢化玻璃相对于普通平板玻璃来说，具有两大特征：（1）前者强度是后者的数倍，抗拉度是后者的3倍以上，抗冲击是后者5倍以上；（2）钢化玻璃不容易破碎，即使破碎也会以无锐角的颗粒形式碎裂，对人体伤害大大降低。

6. 防弹玻璃

防弹玻璃实际上就是夹层玻璃的一种，基本上都是在钢化玻璃层中夹上聚碳酸酯材料层。聚碳酸酯是一种硬性透明塑料。防弹玻璃的厚度在7～75mm之间。射在防弹玻璃上的子弹会将外层的玻璃击穿，但聚碳酸酯玻璃材料层能够吸收子弹的能量，从而阻止它穿透玻璃内层。该玻璃多用于银行或者豪宅等对安全要求非常高的装修工程之中。

◆讨论

在生活中，你见过哪些特种玻璃？它们各有什么特点？

练习与自测

一、判断题

1. 日用工业品是指满足人们日常生活使用需要的工业产品，俗称日用百货。（　　）

2. 消炎牙膏能抑制牙结石和菌斑的形成，改善口腔环境、预防和辅助治疗牙龈出血、牙周病，可以长期使用。（　　）

3. 聚丙烯塑料有较好的耐热、耐寒性，不易燃烧。（　　）

4. 聚氯乙烯具有难燃、离火即灭、燃烧时具有刺激性气味的特点。（　　）

5. 敲击脲醛塑料时会有木板声。（　　）

6. 有机玻璃不是玻璃，而是一种塑料。（　　）

二、单项选择题

1. 以下不是塑料成分的是（　　）。

A．乙烯　　B．丙烯　　C．酚和醛　　D．氨基酸

2. 聚氯乙烯塑料的英文缩写为PVC，燃烧时，放出刺激性氯化氢臭味，不用于制作（　　）。

A．塑料鞋　　B．梳子　　C．文具盒　　D．饭盒

3．制作插座、纽扣应选用（　　）。

A．聚乙烯塑料　B．聚氯乙烯塑料　C．聚丙烯塑料　D．酚醛塑料

4．（　　）较温和，洗涤后使皮肤柔软，防止干裂。

A．洗衣皂　B．药皂　C．过脂皂　D．液体皂

5．用手触摸制品表面有凹凸感，肉眼可见高低不平的是（　　）陶瓷。

A．釉上彩　B．釉中彩　C．釉下彩　D．色釉瓷

6．铅、镉溶出量是（　　）的重要安全卫生指标之一。

A．塑料制品　B．陶瓷制品　C．日化品　D．玻璃制品

7．只有（　　）塑料制品可以放入微波炉中加热。

A．聚丙烯　B．聚乙烯　C．聚苯乙烯　D．聚氯乙烯

三、多项选择题

1．牙膏的质量主要通过（　　）来鉴别。

A．看色泽　B．看稀稠度

C．看有无过硬颗粒　D．看有无渗水现象

2．日用工业品的质量要求有（　　）和安全卫生性。

A．适用性　B．耐用性　C．外观和结构　D．经济性

3．日用陶瓷的质量可以通过仔细观察（　　）等方面来鉴别。

A．瓷面有无拉釉和干裂　B．装饰花面是否美观大方

C．陶瓷无黑色斑点　D．陶瓷是否周正平稳

4．玻璃外观疵点类型有（　　）。

A．水泡　B．装饰疵点　C．砂粒　D．斑纹

5．玻璃制品按玻璃的加工成形方法可以分为（　　）三种。

A．吹玻璃制品　B．拉玻璃制品　C．压玻璃制品　D．钢化玻璃制品

四、案例分析

在日常生活中，饮料瓶、矿泉水瓶被人们反复使用的现象十分普遍。不少消费者往往喜欢将自己使用过的饮料瓶、矿泉水瓶保留着，待下次出门时再灌满茶水或饮用水带出门，并堂而皇之地称此举为“环保”“节约”。然而，这样的“环保”行为是否安全？利用你所学的知识分析解答。

第十章　纺织品商品

任务目标

- 了解什么是纺织品
- 能区分天然纤维纺织品和化学纤维纺织品
- 能鉴别纺织品
- 掌握服装质量的鉴别方法、服装的号型

第一节　纺织品概述

情景导入

日常生活中，我们所买的衣服、毛巾和床上用品都属于纺织品（见图 10-1）。

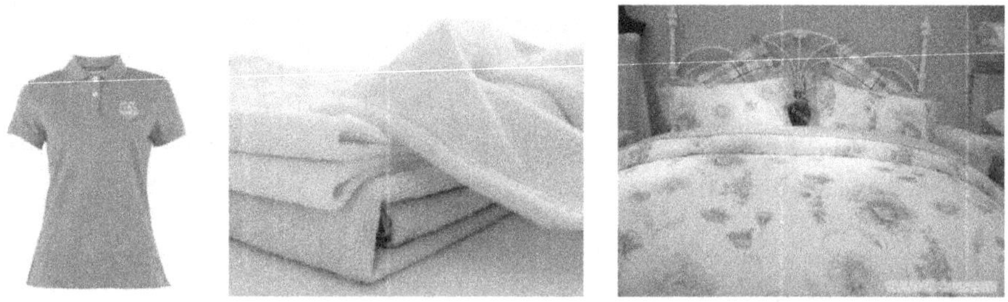

图 10-1　纺织品

知识链接

一、纺织品概述

1. 什么是纺织品

纺织品是指纺织纤维经过加工织造而成的产品。我国是世界上最早生产纺织品的国家之一。

小知识

通常，人们将长度比直径大千倍以上且具有一定柔韧性和强力的细丝状物质统称为纤维，纺织纤维是指用来纺织布的纤维。

2. 纺织纤维的特点

纺织纤维应具有一定的长度、细度、弹性、强力等良好的物理性能，还应具有较好的化学稳定性。例如，毛、丝、棉花、麻等天然纤维是理想的纺织纤维。

3. 纺织纤维的分类

纺织纤维的分类如图 10-2 所示。

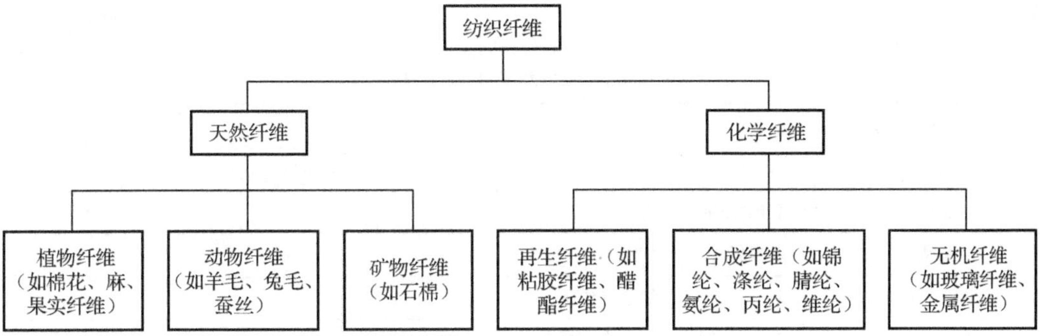

图 10-2　纺织纤维的分类

二、纺织品的分类

纺织品最常用的分类方法主要有 3 种，如图 10-3 所示。

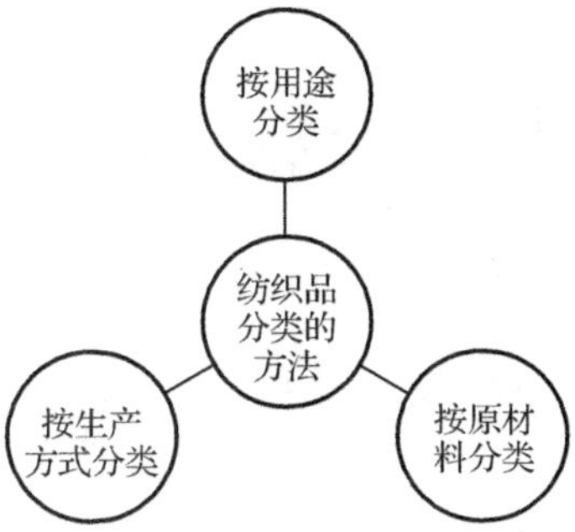

图 10-3　纺织品最常用的分类方法

1. 按用途分类

纺织品按用途分类可分为衣着用纺织品、装饰用纺织品和工业用纺织品三大类，如表 10-1 所示。

表 10-1　纺织品按用途分类

按用途分类			商品举例
衣着用纺织品	纺织面料		服装
	纺织辅料		缝纫线、松紧带、领衬、里衬
	针织品		成衣、手套、袜子
装饰用纺织品	室内用品	家居布	地毯、沙发套、椅子、壁毯、贴布、纺品、窗帘、毛巾、茶巾、台布、手帕
		餐厅、浴室用品	
	床上用品		床罩、床单、被面、被套、毛毯、毛巾被等
	户外用品		人造草坪
工业用纺织品	品种繁多		篷盖布、炮衣、过滤布、筛网、路基布

2. 按生产方式分类

纺织品按生产方式分为线类、带类、绳类、机织物、针织物和纺织布六类，如表 10-2 所示。

表 10-2　纺织品按生产方式分类

按生产方式分类	定　义
线类	纺织纤维经纺纱加工而成纱，两根以上的纱捻合而成线
带类	窄幅或管状织物
绳类	多股线捻合而成绳
机织物	采用经纬相交制造的织物
针织物	由纱线成圈相互串套而成的织物和直接成形的衣着用品
纺织布	不经传统纺织工艺，而由纤维铺网加工处理而形成的薄片纺织品

3. 按原材料分类

纺织品按原材料分为棉织物、毛织物、丝织物、麻织物和化纤织物 5 类。

第二节　天然纤维纺织品

情景导入

你见过如图 10-4 所示的原材料吗？由这些原材料就可以加工成天然纺织品，能给我们带来既丰富多彩又健康的生活。

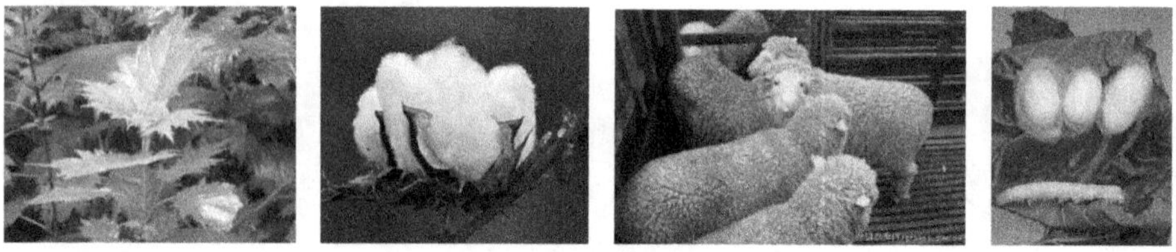

图 10-4　天然纤维纺织品原材料

知识链接

天然纤维是指自然界原有的或从人工培植的植物、人工饲养的动物上直接取得的纺织纤维，是纺织工业材料的重要来源之一。天然纤维的种类很多，大量用于纺织的天然纤维主要有 3 种，如图 10-5 所示。

1. 植物纤维

植物纤维是由植物上的种子、果实、茎、叶等处获得的纤维。常用于纺织的植物纤维主要有棉、麻等。

（1）棉纤维：棉纤维是我国纺织工业的主要原料，在纺织纤维中占有很重要的地位。棉纤维的品种、特点等如表 10-3 所示。

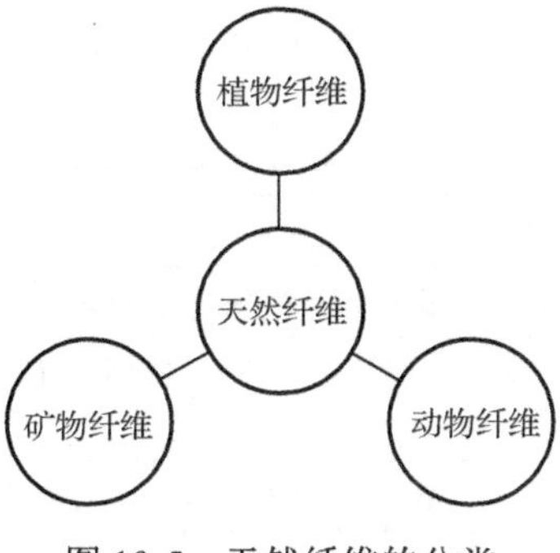

图 10-5　天然纤维的分类

表 10-3　棉纤维的品种、特点等

棉　纤　维	特　　点	种　植　地	占总产量的比重
细绒棉（又称陆地棉）	长度为 25～35mm，细度达 18～20mm，色泽乳白或淡棕，有丝光，品质优良	中国大多数地区	85%以上
长绒棉（又称海岛棉）	长度在 33mm 以上，细度达 15～16mm，色泽洁白或乳白，有丝光	新疆	约 10%

（2）麻纤维：麻纤维指的是从各种麻类植物中取得的纤维，包括一年生、多年生草本双子叶植物皮层的韧皮和单子叶植物的叶纤维。麻纤维绝大多数用于制作绳索、渔网、麻袋、地毯等，比如剑麻、黄麻；少数麻纤维用于制作衣服、装饰织物等，比如苎麻、亚麻。苎麻、亚麻的特点如表 10-4 所示。

表 10-4　苎麻、亚麻的特点

麻　纤　维	特　　点	种　植　地
苎麻	纤维最长达 250mm，强度最大，刚性大，弹性差，伸长小，易起皱，吸湿散湿快，透气、凉爽	中国
亚麻	强度、刚性、吸湿散湿性稍次于苎麻，织物挺直，弹性差，皱后不易恢复	俄罗斯、中国黑龙江省

小知识

韧皮纤维也称茎纤维，主要有苎麻、亚麻、黄麻和大麻等；叶纤维主要有剑麻、蕉麻等。苎麻是我国的特产，又称“中国草”。

（3）棉、麻纤维的特点如表 10-5 所示。

表 10-5　棉、麻纤维的特点

植 物 纤 维	特　　点
棉纤维	弹性差、强度低、有丝光、吸湿性较好、保温性好、绝缘性好、耐碱性强、耐无机酸弱、染色性好
麻纤维	吸湿性好、绝缘性好、耐热、强度大、耐酸、不耐碱、染色性差

2. 动物纤维

动物纤维是动物的毛发（如绵羊毛、山羊毛、骆驼毛、兔毛和牦牛毛等）和腺分泌物（如桑蚕丝、柞蚕丝等）等，动物纤维的特征如表 10-6 所示。

表 10-6　动物纤维的特征

动物纤维		特　征
动物毛发	绵羊毛	弹性好、吸湿性好、保暖性好、不易沾污、光泽柔和
	山羊毛	质地轻盈、保暖性好、柔软、纤细、滑糯、轻薄、富有弹性、有天然柔和的色泽、吸湿性好、耐磨性好
	骆驼毛	颜色较浅、光泽弱、手感滑柔、富有弹性、强度好、保暖性好、耐磨性好
	兔毛	密度小、保暖性好、富有弹性、吸湿性强、柔软、保暖、美观、抱合力差、强度较低、易落毛
	牦牛毛	可与山羊毛媲美、保暖性好、多为黑色和黑褐色
腺分泌物	桑蚕丝	光滑柔软、富有象牙光泽、有冬暖夏凉的感觉、摩擦时有独特的“丝鸣”现象、有很好的延伸性、耐热性较好、不耐盐水侵蚀、不宜用含氯漂白剂或洗涤剂处理
	柞蚕丝	比桑蚕丝粗，没有桑蚕丝白，其他性能同桑蚕丝

小知识

在纺织工业中，因绵羊毛用量最大，所以“羊毛”便成了绵羊毛的简称。山羊绒则是山羊身上的短绒毛，属于独特稀有的动物纤维，是珍贵、高档的纺织原料，被誉为“纤维钻石”“软黄金”。蚕丝品性优良，外观优雅，被誉为“纤维皇后”。

3. *矿物纤维*

矿物纤维又称为天然无机纤维，如石棉纤维。

石棉纤维耐热、不燃、耐水、耐酸、耐化学腐蚀、质地柔软、机械强度高，可纺织成各种规格的石棉纱，然后捻线、搓绳、织布、织带，最后制成各种制品。但石棉纤维的表面光滑，不易纺成纱，需要掺和一定数量的植物纤维（如棉花等）混合纺织。

第三节　化学纤维纺织品

情景导入

当你购买纺织品时，是否只考虑它的价格、质量和款式？还是除此之外还会在意它的舒适度？而舒适度跟什么有关呢？化学纤维纺织如图 10-6 所示。

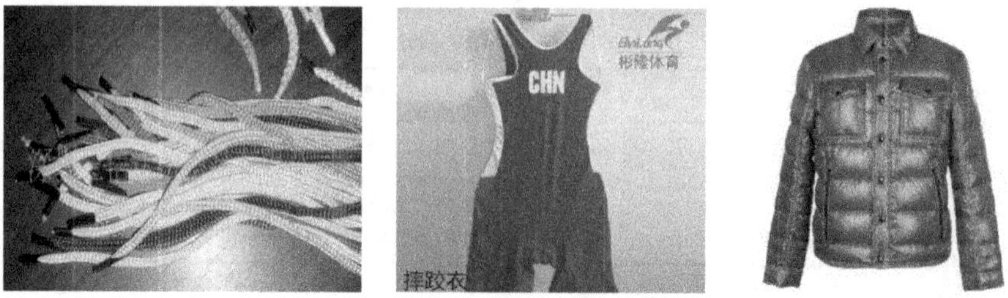

图 10-6　化学纤维纺织品

知识链接

虽然天然纤维的历史悠久，其制成品也更适合消费者的皮肤，但天然纤维资源有限，制造成本也高，人们开始利用化学纤维原料纺纱织布，因其价格更便宜、来源更丰富。

化学纤维指的是用天然或人工合成的高分子化合物为原料，经化学纺丝而制成的纤维。化学纤维在某些品性上接近甚至优于天然纤维，但综合性能不如天然纤维。其优缺点如表 10-7 所示。

表 10-7 化学纤维的优缺点

优 点	缺 点
强度高、耐磨、密度小、弹性好、不发霉、不怕虫蛀、易洗快干	耐热性、透气性、吸水性差，易产生静电，预热变形

一、化学纤维的分类

根据其来源不同，化学纤维可分为再生纤维、合成纤维和无机纤维，如图 10-7 所示。

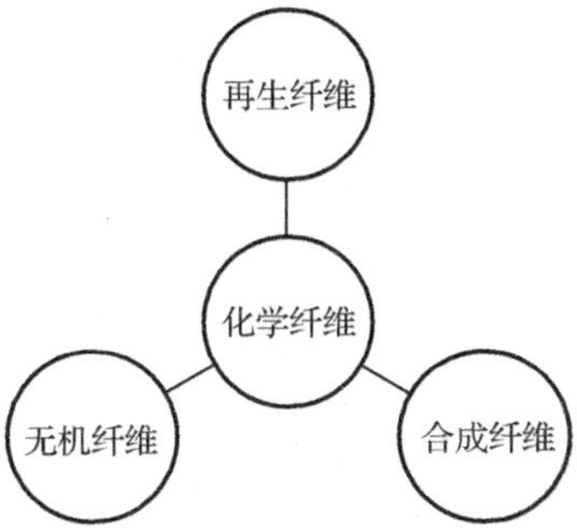

图 10-7 化学纤维的分类

1. 再生纤维

再生纤维也称人造纤维，指的是用纤维素、蛋白质等天然高分子物质为原料，经化学加工、纺丝处理而制得的纺织纤维。纺织纤维是最早出现的化学纤维，也是化学纤维中生产最多的品种。再生纤维的分类如表 10-8 所示。

表 10-8 再生纤维的分类

再 生 纤 维	举 例
再生纤维素纤维	粘胶纤维、天丝纤维、铜氨纤维、醋酸纤维等
再生蛋白质纤维	大豆纤维、花生纤维、牛奶纤维、酪素纤维等
特种有机化合物纤维	甲壳素纤维、海藻胶纤维等

2. 合成纤维

合成纤维指的是以石油、天然气等高分子化合物为原料，提取出低分子化合物，再合成仿丝、仿棉、仿毛的高分子纤维。合成纤维的分类如表 10-9 所示。

表 10-9　合成纤维的分类

合成纤维	举　例
聚酯纤维	涤纶
聚酰胺纤维	锦纶
聚烯烃类纤维	腈纶、丙纶
含氟纤维	氟纶
聚氨酯纤维	氨纶

3. 无机纤维

无机纤维指的是以矿物质为原料制成的纤维，如玻璃纤维、金属纤维、陶瓷纤维和碳纤维。

二、化学纤维的特点

1. 再生纤维的特点

再生纤维的特点如表 10-10 所示。

表 10-10　再生纤维的特点

再生纤维	特　点
粘胶纤维	吸湿性、耐热性、染色性好，耐皱性差，伸长变形，密度较大，耐碱，不耐酸，对光的稳定性低于棉花
醋酸纤维	有光泽，柔软滑爽，染色鲜艳，牢固，质地轻，回潮率低，弹性好，悬垂性、热塑性、吸湿性差，不易起皱，易洗快干
大豆纤维	有蚕丝的光泽，轻便舒适，吸湿性好，具有棉花的吸湿透气性，具有羊毛的手感和羊毛的保暖性

小知识

大豆纤维如果与其他纺织原料结合，可获得意想不到的效果。如大豆纤维与棉花结合，可增加滑爽感、悬垂度；与羊毛和麻结合，则能减少刺痒感；与羊绒结合，则可增加保暖性，且可降低成本；与丝绸结合，则可防皱，不粘身；与不同的化学纤维结合还可织出不同风格的面料。

同时，大豆纤维的原料丰富且可再生，不会对资源造成掠夺性的开发；其生产过程对环境、空气、土壤、人体、水质等无污染。

2. 合成纤维的特点

合成纤维的特点如表 10-11 所示。

表 10-11　合成纤维的特点

合成纤维	特　点
涤纶	强度高，刚性好，挺括不皱，耐热性好，耐磨，不缩水，易洗快干，保形性能好，吸湿性差，易产生静电
锦纶	耐用性极好，耐磨性好，耐蛀，耐腐蚀性好，弹性好，轻便，耐光性、耐热性、吸湿性、通风透气性差
腈纶	耐热性、保暖性、染色性、耐光性好，蓬松、柔软、弹性好，有皮毛感，强度大于羊毛，吸湿性差，易产生静电，耐磨性差，易起毛、起球
丙纶	耐磨性好，不起球，强度高，耐酸又耐碱，弹性好，抗皱性好，耐光性差，吸湿性小，热稳定性差，不耐熨烫，不耐日晒，易老化，易产生静电，染色性差
氨纶	耐光性、耐热性好，化学性能稳定，比重小，染色性能好，吸湿性差，强度低

小知识

涤纶是合成纤维中产量最大的纤维。锦纶是世界上最早的合成纤维品种。涤纶、锦纶、腈纶称为三大合成纤维。丙纶是目前纺织纤维中密度最低的一种，放在水中能漂浮起来。氨纶是弹性最高的一种纤维材料。没有染色的维纶则洁白如雪，柔软如棉，被誉为“合成棉花”。

3. 无机纤维的特点

无机纤维的特点如表 10-12 所示。

表 10-12　无机纤维的特点

无机纤维	特　点
玻璃纤维	抗腐蚀，耐高温，强度高，比重小，吸湿性小，延伸性差，绝缘性好，脆性大，不耐磨，不耐折
金属纤维	耐洗，柔软透气，舒适，具有抗菌、活血、抗静电性能等
陶瓷纤维	导热系数低，耐高温，抗热震，低电容，使用寿命长，具有优良的高温绝缘性能，具有抗熔触铝、锌等有色金属侵蚀能力，具有良好的低温和高温强度，无毒、无害，对环境无不良影响
碳纤维	使用寿命长，具有优良的高温绝缘性能，具有良好的低温和高温强度，耐腐蚀性好，热膨胀系数小，纤维的密度低，耐冲击性较差，X 射线透过性好，容易损伤

第四节　纺织纤维的鉴别

情景导入

小张的皮肤很敏感。有一次，他换了一条新毛巾，洗脸后发现脸上起了很多红色的小点，而且奇痒无比。小张非常奇怪，因为在买毛巾的时候，他反复地进行挑选，就是要买一条棉质的毛巾。那么到底应该如何鉴别我们要买的纺织品是不是真正棉质的呢？

知识链接

一、感官鉴别法

棉：纤维具有天然转曲，纤维较细而短，一般长为 38mm 左右，弹性较差，手感柔软，光泽暗淡。

麻：纤维较粗，多呈片状，强度大，缺乏弹性和光泽，其织品手感粗硬，有凉的感觉。

羊毛：纤维较有弹性，通常是卷曲状，较棉粗而长，手感温暖，其织品揉搓时不易折皱，手感滑爽挺括。

蚕丝：蚕丝是天然纤维中最长、最细、强度较大、柔软而富有光泽的纤维，手摸丝织品有冷凉的感觉，在干燥和湿润状态下拉断蚕丝，使用的力无明显区别。

合成纤维：合成纤维强度大，弹性好，手感光滑，但不够柔软。

二、相似纤维的鉴别

1. 棉纤维与麻纤维

棉纤维与麻纤维都是近火焰即燃，燃烧迅速，火焰呈黄色，冒蓝烟。二者在燃烧时散发的气味及烧后灰烬的区别是：棉燃烧发出纸气味，麻燃烧发出草木灰气味；燃烧后，棉有极少量粉末灰烬，呈黑色或灰色，麻则产生少量灰白色粉末灰烬。

2. 毛纤维与真丝

毛遇火冒烟，燃烧时起泡，燃烧速度较慢，散发出烧头发的焦臭味，烧后灰烬多为有光泽的黑色球状颗粒，手指一压即碎。真丝遇火缩成团状，燃烧速度较慢，伴有丝丝声，散发出毛发烧焦味，烧后结成黑褐色小球状灰烬，手捻即碎。

3. 锦纶与涤纶

锦纶的学名为聚酰胺纤维，近火焰即迅速卷缩熔成白色胶状，在火焰中熔燃滴落并起泡，燃烧时没有火焰，离开火焰难继续燃烧，散发出芹菜味，冷却后浅褐色熔融物不易研碎。涤纶的学名为聚酯纤维，易点燃，近火焰即熔缩，燃烧时边熔化边冒黑烟，呈黄色火焰，散发芳香气味，烧后灰烬为黑褐色硬块，用手指可捻碎。

4. 腈纶与丙纶

腈纶的学名为聚丙烯腈纤维，近火软化熔缩，着火后冒黑烟，火焰呈白色，离火焰后迅速燃烧，散发出火烧肉的辛酸气味，烧后灰烬为不规则黑色硬块，手捻易碎。丙纶的学名为聚丙烯纤维，近火焰即熔缩，易燃，离火燃烧缓慢并冒黑烟，火焰上端呈黄色，下端呈蓝色，散发出石油味，烧后灰烬为硬圆浅黄褐色颗粒，手捻易碎。

5. 维纶与氯纶

维纶的学名为聚乙烯醇缩甲醛纤维，不易点燃，近焰熔融收缩，燃烧时顶端有一点火焰，待纤维都熔成胶状时火焰变大，有浓黑烟，散发苦香气味，燃烧后剩下黑色小珠状颗粒，可用手指压碎。氯纶的学名为聚氯乙烯纤维，难燃烧，离火即熄，火焰呈黄色，下端为绿色白烟，散发刺鼻辛辣酸味，燃烧后灰烬为黑褐色不规则硬块，手指不易捻碎。

第五节　服　　装

情景导入

李小姐是一家合资企业的主管，属于高级白领阶层，收入颇丰。近几年来，不知不觉中，她购买的各种面料、各种款式、各种色彩的服装装满了衣柜，但是每天早晨上班前还是很纠结，衣服满满的，却总感觉没啥可穿的。其实，很多人都有李小姐这样的感受，究竟是什么问题呢？

知识链接

一、服装的分类

服装的种类很多，目前大致按以下几种方法分类，如图10-8所示。

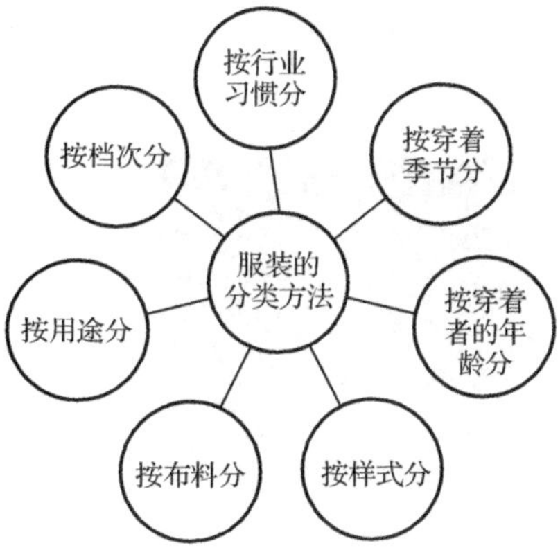

图10-8　服装的分类方法

（一）按行业习惯分

服装可以分为上装和下装两大类。

（二）按穿着季节分

服装可分为春秋装、夏装、冬装，也可分为单衣、夹衣、棉衣和皮衣。

（三）按穿着者的年龄分

服装可分为婴儿装、童装、少年装、成人装、老年装等。

（四）按样式分

服装可分为西装、中式服装、衬衫、连衣裙、夹克衫、大衣、裙裤、套装等。

（五）按布料分

服装可分为纺织服装、皮装、塑料服装、复合材料服装。纺织材料服装又分为呢绒服装、全棉服装、化纤服装、丝绸服装等。

（六）按用途分

服装可分为生活服装、劳保服装、舞台服装、运动服装、统一制式服装。

（七）按档次分

服装可分为高档、中档和低档服装。

二、服装的款式

服装的款式是服装的结构、式样。服装的常见款式有中山装、衬衫、旗袍、裙子、连衣裙、两件套、中式上衣、背心、西服、春秋装、风雨衣、童装等，如图 10-9 所示。

a—中山装

b—男衬衫

c—旗袍

d—两件套

e—连衣裙

c—裙子

图 10-9　服装的常见款式

衬衫包括男衬衫、女衬衫。

男衬衫的领型有立领和开领，袖子有长袖和短袖，门襟有平贴边和反贴边。

女衬衫有立领衬衫、开领衬衫、无领衬衫、趴领衬衫、联领衬衫、带式衬衫、荷叶边衬衫等。

裙子的造型有 A 字形、T 字形、H 字形三类。

连衣裙的款式变化万千，从领口看有翻领、无领、立领，从腰身看有收腰身、宽腰身，从袖子看有无袖、有袖、连肩和长袖等。

两件套是指上衫和下裙两件一套。

中式上衣一般有三种：对襟、偏襟和大襟。

旗袍是东方传统女装的象征。旗袍以其紧扣的高领给人以高雅而庄重的感觉；微紧的腰部又体现出腰臀的曲线；两边的开衩又给人以活泼轻快之感。旗袍的款式主要表现在袖子上，有长袖、中袖、短袖、无袖之分。

背心又称马甲，是一种无袖上衣。按领子可分为有领式和无领式。

中山装被视为中国的正式礼服，是具有我国民族特点的简便男上衣。中山装门襟上有五个扣，上面有两个小平贴口袋，下面有两个大口袋，袋盖上有明扣眼。

西服旧称洋服，原是欧洲人穿的服装，现在各国都非常流行。男西服的款式有很多，有的开背衩，有的不开背衩；有的挖袋，有的明贴袋；有的圆下摆，有的平下摆；有的单排扣，有的双排扣。女西服的款式也很多，主要是通过领型、口袋、斜线、曲线、下摆的变化来变换式样。

春秋装有男式春秋装和女式春秋装。男春秋装的款式有两类，即夹克和两用衫；女春秋装分为夹克和女外衣。

另外，服装还有男女风雨衣、防寒服、童装等。

三、服装的穿着常识

1. 服装颜色和款式的挑选

（1）根据体型选择

粗胖体型的人适宜用深色、单色、柔和色，花型和款式宜用宽直条的，力求简洁朴实；瘦小体型的人适宜用浅色，花型以简朴雅致，款式以简洁、朴素为宜，上下身的颜色应基本一致；瘦长体型的人不宜穿深色服装，花型以横条为主。

（2）根据肤色选择

肤色白的人在色彩的选择上基本不受什么限制；肤色黑的人不适宜选用浅粉色、浅绿、浅黄或鲜艳颜色（红、绿、紫）的服装，适宜用中间色，比如橙色、土黄色等；皮肤过红的人忌穿绿和蓝绿色服装；肤色发黄的人忌穿蓝色、紫色服装等，可选用浅粉或白底小红花格的服装。

（3）根据年龄选择

儿童适宜选择活泼、跳跃的色彩和便于活动的款式；青年适宜选择乳黄、浅米黄、浅紫、浅绿等较鲜艳、时髦、热烈的色彩和富有朝气、能体现身体曲线美的款式；中年人适宜选择温和典雅的色彩和协调大方的款式；老年人适宜选择深沉、稳重的色彩和庄重宽松的款式。

（4）根据性格选择

不同性格的人对服装的颜色有不同的选择，在某种意义上服装的颜色反映了一个人的性格特点。比如，红色表示活力、热情，橙色表示活泼、喜悦，绿色表示朝气，蓝色表示秀丽、清新。

（5）根据脸型选择

圆脸的人应选择领口低些，领子的线条最好用 V 字形；长脸的人不适宜穿大 V 形领口的衣服；四方脸的人可选择领口大些，不适宜用圆领口；尖脸型的人适宜用翻领、立领等。

2. 穿着西服的礼仪

西服几乎成为世界性通用的服装，可谓男女老少皆宜。穿着西服应遵循以下礼仪原则：

（1）西服套装应上下颜色一致。在搭配上，西装、衬衣、领带中应有两样为素色。

（2）穿西服套装必须穿皮鞋，便鞋、布鞋、旅游鞋都不合适。

（3）配西装的衬衣颜色不能与西服的颜色一样，应颜色协调。白色衬衣配各种颜色的西服的效果均不错。在正式场合，男士不适宜穿色彩鲜艳的格子或花色衬衣。衬衣袖口应长出西服袖口 1～2cm。在正式庄重场合，穿西服必须打领带，其他场合不一定都要打领带。打领带时，衬衣领口扣子必须扣上；不打领带时，衬衣领口扣子应解开。

（4）西服纽扣有单排和双排之分。单排扣西服如不系扣子敞开穿，显得潇洒、帅气；双排扣西服应把扣子都扣好。

（5）西装的上衣和裤子口袋里都不宜放太多东西。穿西装时，内衣不宜穿太多；春秋季节最好只配一件衬衣；冬季，衬衣里面也不要穿棉毛衫，可在衬衣外面穿一件羊毛衫。穿得过分臃肿会破坏西装的整体线条美。

（6）领带的颜色、图案要与西装相协调；系领带时，领带长度以触及皮带扣为宜，领带夹戴在衬衣第四粒、第五粒纽扣之间。

（7）西装袖口的商标牌应摘掉，否则不符合西装穿着规范，在高雅场合会让人贻笑大方。

四、服装的号型

服装的号型标准是为了适应服装生产的工业化、销售市场的规范化，以及方便消费者而制定的服装规格尺寸统一标准。

服装号型标准包括男子标准、女子标准和儿童标准，它是依据大量人体体型的测量和数据的统计分析进行制定的，并根据人群体型的变化每隔数年修订一次。

（1）服装号型的定义

服装的号是指人体的身高，以 cm（厘米）为单位，是设计和选购服装长短的依据。服装的型是指人体的上体胸围和下体腰围，以 cm 为单位，是设计和选购服装肥瘦的依据。

（2）服装体型分类

服装体型是以人体的胸围和腰围的差数为依据来划分的，并将人体体型分为四类，用 Y、A、B、C 表示。其中，A 为一般体型，B 为微胖型，C 为胖体型，Y 为胸大腰细体型。四种体型划分的依据如表 10-13 所示。

表 10-13　体型划分的依据

单位：cm

体型分类代号	Y	A	B	C
男子胸围与腰围落差	22～17	16～12	11～7	6～2
女子胸围与腰围落差	24～19	18～14	13～9	8～4

（3）号型标志

按照标准要求，服装上必须标明号型，套装中的上、下装应分别标明号型。号型的表示方法为号与型之间用斜线分开，后接体型分类代号。如上装 160/84A，其中 160 为身高，代表号；84 为胸围，代表型；A 为体型分类；下装 160/68A，其中 160 为身高，代表号；68 为腰围，代表型；A 为体型分类。

（4）服装号型系列

号型系列是服装批量生产中规格制定和购买成衣的参考依据。号型系列以各体型中间体为中心，向两边依次递增或递减组成。服装规格也以此系列为基础按需要加放松量进行设计。身高以 5cm 分档组成号系列；胸围以 4cm 分档组成型系列；腰围可以 4cm 或 2cm 分档组成型系列。身高与胸围、腰围搭配分别组成 5.4 或 5.2 号型系列。

（5）服装号型应用

由于每个消费者的身体尺寸与服装号型划分的档次不一定完全吻合，这就存在靠档的问题。作为消费者，应了解自己的号型和体型类别，也就是正确测量自己的净身高、净胸围和净腰围，再用胸围减去腰围，确定自己的体型类别。选购服装时应选择与自己号型相近的服装。若无与自己号型完全一致的服装时，可根据服装特点向上或向下靠档。例如，目前女上装常采用的号型系列为 155/80A、160/84A、165/88A 等。若您的实际号型为 163/85A，就必须向 160/84A 靠或 165/88A 靠，从而挑选到合体的服装。

根据我国人体信息数据库的调查显示，不同地区人群的身高、腰围、胸围等体型的均值有显著差异。我国原有的服装号型已不能满足人体体型变化的需要，服装号型可能在以后修订标准时将从原有的 4 种增加到 7 种。此研究为量身定制、完善服装号型以及为特殊体型的人量体裁衣提供了理论依据。

知识拓展

市井老裁缝的服装设计理念

清代钱泳的《履园丛话》中记载了这样一个故事：旧时，北京有个裁缝做服装时，对穿衣人的性情、年龄、相貌，以至什么时候中举等都要问个清楚。有人不解，嗔怪之，他回之曰：如少年中举，必定性情骄傲，走起路来挺胸凸肚的，因此衣要缝制得前长后短；如果年老中举，大都意志消沉，走路不免弯腰曲背，衣就得前短后长；性急的，衣宜短；性慢的，衣宜长……

分析：市井老裁缝的服装设计理念遵循了国际上的什么原则？值不值得我们深思？

练习与自测

一、判断题

1．天然纤维包括自然界原有的或从人工培植的植物上、人工饲养的动物上直接取得的纺织纤维。（　　）

2．化学纤维的价格更便宜、来源更丰富，且综合性能优于天然纤维。（　　）

3．大豆纤维的原料丰富且生产过程对环境、空气、土壤、人体、水质等无污染，它是一种优质的天然纤维。（　　）

4．蚕丝品性优良，外观优雅，被誉为“纤维皇后”。（　　）

5．肤色黑的人适宜选用浅粉色、浅绿、浅黄或鲜艳颜色（红、绿、紫）的服装。（　　）

二、单项选择题

1．（　　）的主要组成物质是蛋白质，是动物的毛发和腺分泌物等。

A．植物纤维　　B．动物纤维　　C．矿物纤维　　D．化学纤维

2．（　　）是我国的特产，又叫“中国草”。

A．亚麻　　B．剑麻　　C．苎麻　　D．黄麻

3．最早出现的化学纤维，也是化学纤维中生产最多的品种是（　　）。

A．金属纤维　　B．再生纤维　　C．玻璃纤维　　D．合成纤维

4．感官鉴别法是指通过人的（　　）来对纤维或纺织品进行鉴别。

A．眼睛　　B．感觉器官　　C．手　　D．触觉

5．175/88A 适合的体型为（　　）体型。

A．标准　　B．偏瘦　　C．偏胖　　D．肥胖

三、多项选择题

1．麻纤维中的（　　）可用于做衣服、装饰织物等。

A．苎麻　　B．剑麻　　C．亚麻　　D．黄麻

2．天然纤维的种类很多，大量用于纺织的天然纤维主要有（　　）三种。

A．植物纤维　　B．动物纤维　　C．矿物纤维　　D．大豆纤维

3．服装体型可以分为（　　）。

A．Y 型　　B．A 型　　C．B 型　　D．C 型

4．一件外套的吊牌上写着 165/88A，则表示（　　）。

A．适合身高为 165cm 的人穿

B．适合胸围为 88cm 的人穿

C．适合腰围为 88cm 的人穿

D．适合身材为一般体型的人穿

5．西服几乎成为世界性通用的服装，可谓男女老少皆宜。穿着西服应遵循以下（　　）礼仪原则。

A．西服套装应上下颜色一致

B．穿西服套装时可以穿旅游鞋

C．配西装的衬衣颜色不能与西服的颜色相同，应颜色协调

D．西服纽扣有单排和双排之分，双排扣西服应把扣子都扣好

四、案例分析题

如何挑选纺织品

在家纺产品中，有一种称为可分解芳香胺的染料，这种物质的含量若超标，对人的身体健康会有严重的危害。在我们的居家生活中，最让人担心的就是甲醛了，纺织品中的甲醛通过水洗能够去除，但可分解芳香胺染料不能被水洗去除，它不仅不溶于水，而且无色无味，人们很难辨别出来。长期下来，会引发多种恶性疾病，严重者甚至会引发癌症。

如何避免可分解芳香胺这一化学物质伤害自己及家人呢？首先，消费者在选购纺织品时，除了应注重商品的品牌、款式及其颜色外，还应关注以下问题。

1．注意查看商品标识

质量好的品牌商品一定有完整的标识，包括使用说明、标签及制造产地、产品名称、型号、规格，最重要的是采用的原料成分和含量等，这些都是消费者需要关注的。

2．通过观察产品触摸及气味辨别产品质量

消费者在选购商品时，可通过手鼻眼来辨别产品的质量。若产品有较大的刺激性气味，则该产品的甲醛含量可能严重超标。

3．将票据、吊牌保存好

大多数消费者在购买商品之后会将票据、吊牌丢弃。但是若质量不好的产品在日后使用中对人的身体健康造成影响，则很难对其追究责任。

讨论分析：

1．刚买回来的纺织品能立即穿着吗？

2．纺织品是否越鲜艳越好或越白越好？